プロダクトマネジメント

ビルドトラップを避け顧客に価値を届ける

Melissa Perri　著

吉羽 龍太郎　訳

Escaping the Build Trap

How Effective Product Management Creates Real Value

Melissa Perri

Beijing • Boston • Farnham • Sebastopol • Tokyo 

本書への推薦の言葉

本書を読めば、プロダクトマネジメントの定義だけでなく、それが組織にとってどんな意味を持つのかを理解できます。メリッサ・ペリは、自身の経験や事例、専門知識を組み合わせて、プロダクトマネジメントの定義（多くの本で言及されていません）、それがチームや組織に与えてくれる価値、うまくやるために必要なコミットメントを明快にまとめるという素晴らしい仕事をしてくれました。本書はプロダクトマネージャー向けの本ですが、リーダー向けの本でもあります。本書は「プロジェクト」マインドセットの告発であり、プロダクト主導の会社になるための明快で実践的なマニュアルでもあります。必読です。

ジェフ・ゴーセルフ
『Lean UX』『Sense & Respond』著者

会社全体がプロダクトにフォーカスしていれば、結果は驚くべきものになります。勇気を持ってそれを示してくれる貴重なプロダクトマネジメントの本です。

デイブ・ピンケ
Practicing Law Institute

本書には、実用的なツール、テクニック、現実世界のケーススタディーが満載です。イノベーションが加速している世界で成功するために、プロダクト中心の組織をどう作るか？　それを経営者、起業家、ビジネスリーダーに教えてくれます。

バリー・オライリー

ExecCamp創始者、『Unlearn』『リーンエンタープライズ』著者

メリッサの本は、プロダクトマネジメントの新しい規範の一部となるものです。プロダクトマネジメントは多くのエゴと少しの幸運の組み合わせだと考えられていることがとても多いのが実情です。メリッサは、プロダクトマネジメントに必要なプラクティスと規律を私たちに示してくれています。

ジェフ・パットン

プロダクトマネジメントコーチ、『ユーザーストーリーマッピング』著者

本書は、組織がプロダクトでやってしまう最大の間違いをはっきりと指摘し、進むべき道を提供してくれています。メリッサ・ペリはプロダクトマネジメントにおける極めて差し迫った戦術的な質問に対して、「現実の人たちに本当の価値を提供する」というただ1つの戦略をもとに回答しています。顧客のニーズを満たしビジネス目標を達成できるプロダクトを作りたいと思っているすべての組織は、本書を読むべきです。

マット・ルメイ

『みんなでアジャイル』『Product Management in Practice』著者

フィーチャーファクトリーのようなグループで慌ただしく全部を作ろうとしているなら、止めましょう。本書を読んで、ユーザーのいちばん重要な問題を解決することに集中し直しましょう。本書はプロダクトに関わるあらゆるレベルの人たちにとって、親しみやすく示唆に富んだ読み物です。プロダクトマネージャーの本棚に絶対欠かせない本だと言えるでしょう。

デイブ・マスターズ

realtor.com プロダクト担当ディレクター

顧客にとって最適なプロダクトを作って届けられるようにプロダクト組織を最適化する。これより難しい課題はありません。本書は、それを実現する方法を見事にまとめています。多くの実例とメリッサ・ペリの深い経験にもとづく明快なアドバイスが含まれていて、価値があって顧客に愛されるプロダクトをあなたの組織が作れるようになるための実践的な戦略を提供してくれます。

ブレア・リーブス

プリンシパルプロダクトマネージャー

ソフトウェアプロダクトにおけるプロダクトマネジメントの役割はほかの分野と根本的に違います。どうやるかを説明している良い資料もほとんどありません。なので、メリッサ・ペリがプロダクトマネジメントに関する素晴らしいガイドを書いてくれたことに対して、とてもとても嬉しく思います。プロダクトマネジメントの役割で成功する方法を学ぶ人たち、効果的にプロダクトを作る能力を手に入れたいと思っている組織にとって、本書は教科書となるでしょう。

ジェズ・ハンブル

作家、UC Berkeleyプロダクトマネジメント担当講師

本書は、企業が効果的に成長できるようにプロダクト組織を拡大していくのに必要なガイドで、今までになかったものです。

シェリー・ペリー

Insight Venture Partners ベンチャーパートナー

プロダクト主導の組織になるのに苦労しているのであれば、本書を本棚に加えるべきです。組織文化からプロダクトマネジメントの役割まで、メリッサは問題の発見と解決のための素晴らしいガイドを作ってくれました。自分でも買って、顧客に渡そうと思います。

エイドリアン・ハワード

Quietstars プロダクトコーチ

プロダクトマネジメント、戦略、開発についての優れた本はたくさんあります。私がこういった本を人に勧めるときには、「ああ、この本はスタートアップ向けだね。ほかにこんな本も必要かもしれない。こっちはUXを扱っているんだ」とか「この本はスクラムでプロダクトオーナーをやっている人向けだよ」といった言葉をつけることが多いです。本書が特別なのは、すべてが含まれていることです。紹介のときに何かを付け加える必要もありません。短くまとまっていて、しっかりとした理論の裏付けがあり、明日から使えるツールも含まれています。問題の本質は、受け身のフィーチャーファクトリーやプロジェクトファクトリーのやり方から、プロダクト主導でインパクトを重視した組織に変わることにあります。おまけに、本書は読んでいて楽しいです。架空のマーケットリーという会社の話は、すべてをまとめたもので、みなさんにとって身近なものです。脱帽です。本当に素晴らしいです！

ジョン・カトラー
Amplitude プロダクトエバンジェリスト

本書は、読んだらすぐに組織のみんなに共有したくなる本です。組織における優れたプロダクトマネジメントの重要性を説明していて、優れたプロダクトマネジメントの文化を育てるのに役立つ実践的な方法を提供してくれています。何かをリリースしていて、それが正しいものなのかわからないような組織にいるのであれば、今やっていることをすぐに止めて本書を読みましょう。そして共有してください。

デイブ・ズヴェニャック
18F コンサルタント、前ディレクター

訳者まえがき

本書は、Melissa Perri 著『Escaping the Build Trap: How Effective Product Management Creates Real Value』（ISBN：978-1491973790）の全訳です。原著の誤記・誤植などについては著者に確認して一部修正しています。

原著タイトルにある「ビルドトラップ」という単語は多くの人にとって耳慣れない言葉だと思います。私も原著を読むまでは知りませんでした。それもそのはず、この「ビルドトラップ」は著者メリッサが提唱したものなので当然です。

本書の定義によると、ビルドトラップとは、以下のような状況を指します。

- 組織がアウトカムではなくアウトプットで成功を計測しようとして、行き詰まっている状況
- 実際に生み出された価値ではなく、機能の開発とリリースに集中してしまっている状況

こういった状況は、開発手法がウォーターフォールなのかアジャイルなのかに関係なく起こります。

私はふだんアジャイル開発のコーチングやトレーニングをしていて、さまざまな質問を受けます。そのなかで、チームのベロシティを上げる方法や、たくさんあるプロダクトバックログ項目をどうやったら決められた期間内に完成できるか、どうやって効率的に作業を分担するのかといったことをよく聞かれます。本書を踏まえて考えると、このような質問はビルドトラップの兆候と言ってよいでしょう（これからは「それ、ビルドトラップです！」って回答できますね）。

一方で、アジャイルソフトウェア開発宣言（アジャイルマニフェスト）[†1]の背後にある12原則[†2]を見ると、「顧客満足を最優先し、価値のあるソフトウェアを早く継続的に提供します」と書かれています。それにも関わらず、すぐに作ることに目が行ってしまいがちなのです。これはアジャイルに慣れているチームでも同じです。機能を大きくして、たくさん作ってしまいます（そして不要な機能を消すこともまれです）。

繰り返しになりますが、ビルドトラップは開発手法に関係なく存在するものなのです。

企業や組織が存続する上では、作ったプロダクトで成果を出すこと、つまり顧客の課題を解決して対価を受け取ることは何よりも重要です。自分たちの想像上の問題を解決するソリューションではなく、実際に顧客が持つ本当の課題にフォーカスする必要があります。本書はどうやってそれを実現するかのヒントになるはずです。

本書では、マーケットリーという仮想の会社を題材にして、プロダクトマネジメントとは何か、本当の成果を上げるにはどうしたらよいかをコンパクトに説明しています。ストーリー形式になっているので、初めて読むときは冒頭から順番に読み進めていくことをお勧めします。

謝辞

刊行に際しては、多くの人に多大なるご協力をいただきました。厚く御礼申し上げます。

株式会社アトラクタの同僚である原田騎郎さん、永瀬美穂さん、有野雅士さんには、全体の進行や原文の解釈を含めて多くのアドバイスをいただきました。

秋元利春さん、天野祐介さん、小野広顕さん、栗生和明さん、高橋裕之さん、半谷充生さん、星永亮さん、森雄哉さん、横道稔さん、綿引琢磨さんには翻訳レビューにご協力いただきました。みなさんのおかげで読みやすいものになったと思います。

2020年10月
吉羽 龍太郎

†1 http://agilemanifesto.org/iso/ja/manifesto.html
†2 http://agilemanifesto.org/iso/ja/principles.html

はじめに

同じことを続けても、ずっとうまくいくとは限りません。そう理解することが重要です。私たちは違うことをしなければいけませんでした。しかし、本当に難しい質問は、「それが何なのか」でした。この質問に答える過程で、私たちはとてもたくさん間違えました。でも、私たちにとっていちばん重要なのは、顧客のこと、顧客が実際に解決しようとしているビジネス上の問題について詳しく知ることだったのです。たとえそれが既存のカテゴリにうまく当てはまらない場合であっても関係ありません。

マイケル・デル†1

本書はプロダクトに関わるすべての人のためのものです。プロダクトマネージャーになりたいけれど、その仕事の全体像がよくわかっていない大学生のためのものです。いきなり巻き込まれてしまいガイドを探している初めてのプロダクトマネージャーのためのものです。VPに昇格したばかりで、うまく組織をスケールするためのガイドが必要なプロダクトマネージャーのためのものです。競争優位性を手に入れたいと思っている大きな組織のリーダーのためのものです。

10年ほど前、私はEC企業でプロダクトマネージャーとして働いていました。巨大な仕様書をひたすら書いて、開発者に渡していました。正直なところ私自身が爆弾のようなものでした。自分たちのプロダクトがどれだけうまくいっているか計測してみると、厳しい現実に直面しました。私のプロダクトはガラクタで、誰も使っていないことがすぐにわかったのです。

†1 Tom Foster, "Michael Dell: How I Became an Entrepreneur Again", Inc. Magazine, July August 2014.

これは、私が今**ビルドトラップ**と呼んでいるものにはまっていることに最初に気づいた瞬間でした。機能をリリースすることや素晴らしいアイデア（ほとんどは自分自身の考えたものでした）をできる限りたくさん開発することばかりに集中していました。そのため、その機能が生み出すアウトカムについては考えもしませんでした。会社の目標やユーザーのニーズを自分の仕事に結びつけていなかったのです。

もっとうまくやりたい。もっと良いプロダクトを作りたい。そう考えていたときに登場したのがリーンスタートアップで、私は実験について学びました。「自分の仕事のなかで、科学と同じようにものごとをテストできるってこと？　意思決定を伝えるのにデータが使えるってこと？　やってみよう！」　そう考えました。

私は学んだことを全部プロダクトマネージャーの仕事に活用しました。機能のトラクション[†2]についても見始めました。チームとうまく一緒に働けるようになりました。みんなで無駄のない実験マシーンになり、それがうまくいって、プロダクトは良いものになったのです。

この経験が私に刺激を与えてくれました。もっと学びたくなったのです。このような仕事のやり方を実践する機会をもっと増やしたいと考えました。まるで駄菓子屋に行った子供のように、自分が良いプロダクトマネージャーになるためのプロセスやフレームワークを片っぱしから学んだのです。

数年後、カンファレンスに招待されて自分の経験を共有するようになりました。自分が学んだこと、それがどのように役立ったのかを話すのが大好きになりました。すぐに、これがほかの人の役に立っていることに気づきました。多くのプロダクトマネージャーやリーダーやデザイナーが私のところに来てアドバイスを求めたのです。結局、2014年に私はコンサルタントになりました。

ここ数年、私はこの体系的な仕事のやり方をプロダクトマネージャーに教えるために雇われています。「プロダクトマネージャーが行き詰まっている」と幹部が言ってきたら、「顧客との話し方や実験思考を身に付ける必要があります」と答えることになります。一緒に働いたプロダクトマネージャーはほかの部門から移ってきた人たちで、過去にプロダクトマネージャーをした経験もありませんでした。その人たちはとても学びたがっていました。すばやくテクニックを活用していきました。フレームワークがあることにワクワクしていました。私もワクワクしていました。人を助けて、その人たちが上手になるのを見ていて、プロダクトマネジメントの未来を作り出

†2　訳注：プロダクトや機能の実績や勢いを表す定量的な指標のこと

すという自分の使命を見つけたのです。

私は2年前、まさにそのようなプロダクトマネージャーのために本書を書き始めました。もっとうまくいく助けになりたかったのです。

本書は進化を続けました。

執筆に2年もかけるつもりはまったくありませんでした。3か月のプロセスだと思っていました。最初のドラフトの執筆が終わりに近づいた頃、かつて教えていたプロダクトマネージャーたちがその後どうしているか確認しました。パターンどおりでした。みんなもとの習慣に逆戻りしてしまっていたのです。

「なぜユーザーと話さないんですか？　なぜ実験をやめたんですか？」と私は尋ねました。

みんな組織的な問題をたくさん挙げました。

ある会社で聞いたのは、「私のボーナスはリリースする機能と連動しています。年末が近づいているのでリリースしなければいけないんです」というものでした。

「私たちがリリースしなかったせいで、マネージャーは怒ってしまいました。ユーザー調査の結果、価値はなさそうでした。でも何かをリリースしないと自分が困ったことになるんです」　別の人はそう語りました。

すぐに気づきました。ビルドトラップにはまっているのはプロダクトマネージャーだけでなく、組織全体でした。チームのプロセスを解決するだけでは不十分でした。会社全体で良いプロダクトマネジメントをサポートする必要があったのです。

そこで、プロダクト主導の組織に焦点を当てるために本書を書き直し始めました。その後、数十億ドル規模の会社で大規模プロダクトの変革をリードする機会を得ました。CxOの人たちにプロダクト主導になるためのアドバイスをしました。またもや、学んだことを実践してみたいと思ったからです。その経験からも、当初考えもしなかったほど多くのことを学びました。

みなさんがこれから読もうとしている本書は、3年間で4回書き直したものです。本書は、役割、戦略、プロセス、組織の力学が、企業が提供する価値にどれだけ影響を与えるかについて私が学んだことの集大成です。

本書は、優れたプロダクトマネジメントによってビルドトラップから抜け出すためのガイドです。プロダクト主導の組織（**図1**）になるとはどういうことなのか、それが何を意味するのかを見ていきます。これには4つの要素が含まれます。

- 適切な責任と構造を持つプロダクトマネージャーの役割を作る
- 優れた意思決定を促進するような戦略のもとで、プロダクトマネージャーがうまく機能するようにする
- 実験と最適化によって作るべきプロダクトを決めるというプロセスを理解する
- 適切な組織の方針、文化、報酬によってみんなをサポートし、プロダクトマネジメントを成功させる

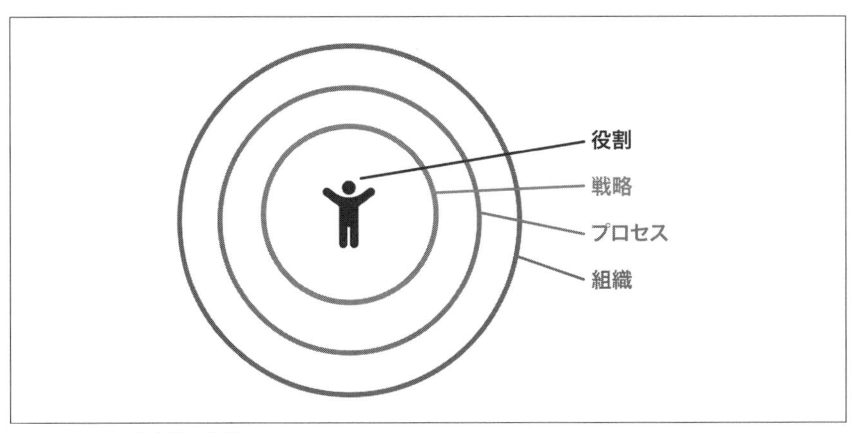

図1　プロダクト主導の組織

本書では、マーケットリーという会社を取り上げています。マーケットリーは架空の会社ですが、ストーリーは私が複数の会社でフルタイムのプロダクトマネージャーをしたときの経験やその会社のことをもとにしています。マーケットリーがビルドトラップから抜け出してプロダクト主導の組織になるまでの旅を見ていきます。みなさんの会社がどれくらいプロダクト主導になっているかを知りたければ、本書の巻末のクイズを試してみてください。

私は過去10年間、プロダクトマネージャー、UXデザイナー、開発者、CEO、起業家、コンサルタント、アドバイザー、教師、学生など、多くの役割を果たしてきました。私にとっていちばん重要な役割は、最後の学生にありました。これまで多くのことを学んできましたが、終わりはありません。本書で私が知っていることを共有できるのは嬉しい限りですが、私にはまだまだ学ぶべきことがたくさんあることもわかっています。

みなさんが「手に負えない」と感じてしまうようなときに、本書が手引きとして役立つことを願っています。学習を続けてください。実験を続けてください。頑張ってください。顧客はあなたを頼りにしています。

プロダクトマネジメントについてもっと詳しく学習したい場合は、Product Institute（https://productinstitute.com）のオンラインスクールをチェックしてみてください。チームメンバーから幹部まで、すべてのプロダクトマネージャーの役に立つコースを継続的に開発しています。また、Produx Labsで次の世代の最高プロダクト責任者を育成するために、Insight Venture Partnersおよびシェリー・ペリーと新しいパートナーシップを結ぶことにワクワクしています。

本書を読んでいただきありがとうございます。

メリッサ・ペリ

Produx Labs CEO

謝辞

本書の執筆は、私のキャリアのなかでいちばん大変な仕事でした。長く困難な旅でした。家族や友人、同僚のたくさんの助けがなければ実現できませんでした。本当にありがとうございます。

Produx Labsの私のチームとProduct Instituteの私の生徒に特別に感謝します。私が朝起きられるのは、あなたたちのおかげです。私たちは一緒になって、プロダクトマネジメントの未来を作っているとわかっているからなのです。

Insight Venture Partnersのシェリー・ペリーのパートナーシップ、メンターシップ、サポートに感謝します。ケイシー・カンチェリエーリには、過去2年間にわたって本書の4つのバージョンをレビューしてもらいました。そのおかげで、本書は今の形になっています。

出版社であるO'Reillyと編集者のアンジェラ・ルフィーノに感謝します。執筆のあいだ、我慢強く私を導いてくれました。とても素晴らしいものでした。

私をここまで導いてくれた編集者ブリジット・サンバーグに感謝します。執筆についてあなたから多くのことを学びました。あなたの助けがなければ、本書は出なかったでしょう。

初期や最後に本書をレビューしてくれたみなさんのおかげで本書を良いものにできました。ギフ・コンスタブル、エイドリアン・ハワード、レーン・ゴールドストーン、ジョン・カトラー、サイモン・ベネット、デイブ・マスターズ、ケイト・グレイ、ブレア・リーブス、デイビッド・ズヴェニャック、エレン・チサ、ジェレミー・ホーン、ライアン・ハーパー、デイブ・ピンケ、フランシス・クローズに感謝します。

プロダクトマネジメント、UXデザイン、アジャイル、リーンスタートアップ、リーンの各分野で、ここ数年で多くのことを学びを与えてくれた人たちに感謝します。濃密な会話や、私の先入観に対する指摘に感謝します。さまざまな仕事のやり方についても教えてくれました。みなさんのサポートに感謝します。

私の読書会の友人たちに感謝します。2年間毎週会って、意見を交換したり、フィードバックをくれたり、ときには愚痴を聞いたりしてくれました。デイビッド・ブランドとバリー・オライリーにも感謝します。2人抜きで本書は進まなかったでしょう。私を導いてくれてありがとうございました。

最後に、家族に感謝したいと思います。家族がいなければ、今日の私はありません。私が小さな頃、大きくなったらビル・ゲイツのようになれるよ、と言ってくれました。いずれコンピューターエンジニアになるとみんなに言って回るように勧めてくれました。今でも、カンファレンスでの私の発表を見て、応援してくれています。

私の両親ジョアンとサルバトーレ、妹のジェニーに感謝します。あなたたちは私のすべてです。

目次

第I部
ビルドトラップ

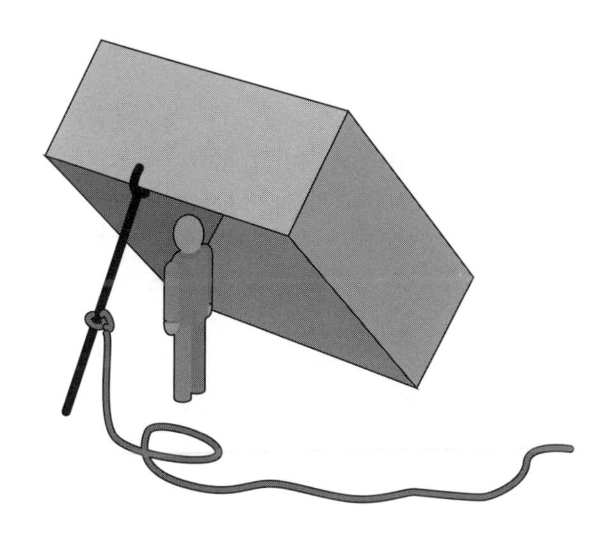

ビルドトラップとは、組織が**アウトカム**ではなく**アウトプット**で成功を計測しようとして、行き詰まっている状況のことです。実際に生み出された価値ではなく、機能の開発とリリースに集中してしまっている状況です。企業がユーザーにとっての本当の価値を生み出さなくなると、マーケットシェアを失って混乱します。企業は、意図が明確でしっかりしたプロダクトマネジメントのプラクティスを作り上げることで、ビルドトラップから抜け出せます。そうなれば、プロダクトマネージャーはビジネス価値と顧客価値の双方を最大化する機会を見つけられるようになります。

「クリス、あなたの問題はプロダクトマネージャーだけじゃないです」　私は言いました。「彼らが初心者で、もうちょっとシニアな人たちを雇う必要があるのは間違いありません。でもプロセス、戦略、組織上の問題もあって、目標を達成できていないんです」

マーケットリーはマーケティング担当者のためのオンライントレーニングを提供する会社です。その会社のCEOのクリスが会社の状況について率直なところを話すために私に電話してきました。デジタルマーケティングの専門家がマーケットリーのオンラインプラットフォーム上に講座を用意していて、受講者はそれを月次のサブスクリプションで利用できるようになっています。

半年前、クリスは会社のプロダクトマネージャーたちの教育とコーチングのために私を雇いました。マーケットリーは急激に成長していて、収益は毎年約30%ずつ増加していました。短い期間のうちに何百人も新しい人を雇って、さまざまなプロジェクトにアサインしていました。新しく雇った人の多くは開発者でした。スクラムと呼ばれるアジャイル開発のフレームワークを適用し始めるとすぐに、一緒に働くプロダクトマネージャーが必要なことに気づきました。

そこで、プロダクトマネジメントの経験がないマーケティングの人たちをその役割に割り当てて、開発者と一緒に働いてもらうようにしました。オンライントレーニングの受講者のことをいちばんよく知っているという理由からです。マーケットリーの話とよく似た話は、私がアドバイスしていたほかの企業でもたくさん聞きました。そして、この問題は単にスキルにとどまらない大きな問題であることもわかっていました。

入社のとき、プロダクト担当VPのカレンと会いました。彼女は数十人のプロダクトマネージャーを監督するために、3か月ほど前に雇われていました。

「かなりプレッシャーを感じています。セールスチームは、顧客の大企業に全部の機能を提供すると約束しているんですが、以前に大企業向けのマーケットでサービスを提供したことはなく、全部ゼロから作らなければいけません。直属の部下が20人いて、守らなければいけない締め切りもたくさんあります。戦略的になる時間なんてまったくないです」　カレンはそう言いました。

セールスチームも同じようにイライラを抱えて、追い詰められていました。「ロードマップが必要だし、誰も売るものを用意してくれません。それがないとお金を稼げないのに……。プロダクトチームが何もくれないので、自分が約束するしかありません」　セールスのトップはそう言いました。

組織全体が手詰まりになっていて、お互いのことを非難しあっていました。全員がプロダクトマネジメントのスキル不足を問題として挙げていました。「プロダクトマネージャーがちゃんとしたバックログを用意すればいいんじゃないだろうか。プロダクトマネージャーには、もっとたくさんソリューションを考えてもらわないと……」とCTOは嘆きました。

それで、私はプロダクトマネージャーたちと一緒に仕事をすることになったのです。彼らのスキルをすぐに確認し、開発チームやデザインチームとのやりとりを観察したのち、新しいフレームワークを渡しました。1か月半くらい経って、成功したければもっとシニアな人を雇うべきだとクリスに言わざるを得ませんでした。

「カレンしか模範になるリーダーがいないというのはまずいです。彼女には、たくさんの人のメンタリングやコーチングをする時間なんてありません。若手を育てたいなら、一部の人たちをコンテンツ制作の部署に戻して、本物のプロダクトマネージャーを雇ってください」　私はそう説明しました。

「いや、私たちで鍛えられるでしょ？　そんなに新しい人をたくさん雇えないので、教えるしかないんだ。必要なら別のコーチも雇おう」　彼はそう私に言いました。

私はトレーニングを続け、別のコーチがそれを手伝ってくれました。プロダクトマネージャーの多くが、フレームワークとガイダンスを喜んでいました。すぐにそれを適用し、問題への取り組み方や仕事への取り組み方といった点ですぐさま効果が見えました。しかし、その勢いはすぐに消えてなくなりました。

チームが3か月間何もリリースできず、リーダーシップチームが激怒したのです。「みんな自分の仕事をしていない！」とCEOは言いました。「もっとたくさんの機能をリリースしなければいけないんだ。なんでもっとうまく優先順位をつけないんだ？」　そう言って、プロダクトマネジメントの悪さを指摘しました。しかし、実際の問題はそこではなかったのです。

マーケットリーはあまりにも多くの方向に進んでいました。20の主要なプロジェクトが一度に進行していることもあったのです。私が「主要」と言っているものは、本当に「主要」なものだけです。新しいモバイルアプリケーションの開発が進められていて、そのバックエンドも講師が講座を管理するための新しいものでした。複数チームが必要なくらい大規模な仕事でしたが、アサインされたのは若手のプロダクトマネージャーただ1人と開発チームが1つだけでした。

彼らは素晴らしいプロダクトマネジメントのテクニックを実践しつつ、締め切りを守るためにできることをすべてやりました。しかし成功には至りませんでした。締め切りは私が来る前にすでに設定されていました。別のプロジェクトも契約が結ばれており、顧客に約束していました。ある機能を本当に作るべきかどうか評価すべきだと提案しても、プロダクトマネージャーから強く押し戻されてしまいました。「リーダーシップチームがこれをするように言ったんだ。これをリリースしないとボーナスが貰えないんだ」と言いました。でき損ないの計画と戦略が問題を引き起こしていたのです。

時を同じくして、マーケットリーの成長率は減少へと転じ、取締役会はマネジメントにプレッシャーをかけ始めました。必須の機能が増えて、チームへと落ちていきました。カレンは必死に押し戻そうとしましたが、リーダーたちはしつこく主張しました。「君たちはわかってない。この機能を作らなかったり、リリースを取締役会に見せなかったりしたら、別の資金調達が頓挫してしまうんだ」とCEOは言いました。

まもなく、プロダクトマネージャーは元のやり方に戻ってしまいました。今までしっかりやっていたユーザー調査も止めました。開発チームがユーザーストーリーを書く時間もなくしました。なるべくたくさんの機能をリリースすることだけに注力し始めました。

次のリリースでは10個ほどの新機能が顧客に提供されることになりました。リーダーシップチームはとても喜んでいました。「自分が言ってるのはこれだよ！　これこそが良いプロダクトマネジメントだ」　CTOはレビュー会議で心からみんなを褒めました。翌週リリースが行われました。

その後は、呼び出しの嵐でした。急いで作った機能はテスト不足で、サイトが壊れていたのです。講師たちはとてもイライラしていました。いちばん重要な仕事である講座の作成や受講者のコメントに対する返信の邪魔になる新機能がとても多かったためです。講師の多くは講座を取りやめるという判断をしました。アカウントマネージャーは彼らに戻ってきてもらおうと慌てていました。

数週間後、受講者向け機能の利用状況を確認しました。誰も何も使っていませんでした。機能を全部作っても、マーケットリーの状況に変化はなかったのです。成長率はますます低下し、会社は焦りを感じ始めました。

この問題は、誰か1人の失敗によるものでもなく、どこかの部門の失敗でもありませんでした。そもそも組織が成功する形になっていなかったのです。これは私がクリスとの会議で説明したことそのものです。

「わからないな。ほかの組織はどうやって成功させているんだい？　ここからどうすればいいんだろう？　自分たちは何を間違ったんだろう？」と彼は尋ねました。

「プロダクトマネージャーのスキルだけじゃないんです。プロダクトマネージャーのうちの何人かは、うまくやっていましたし、適切なマインドセットも持っていました。価値を届ける方法を必死に見つけようとしていました。そのまま続けていれば成功していたでしょう。でも、組織的な問題がとても多くて、それが成功を妨げているんです」　そう私は説明しました。

「なんだって？　何を改善すればいいんだい？」　彼はそう質問してきました。

「現時点で、あなたが達成すべきいちばん重要なことって何でしょう？」と私は聞きました。

「収益の成長だよ。少なくとも前年比30%の成長率に戻さなければいけないんだ」と彼はすぐさま答えました。

「同じ質問をほかの人にしたら、みんなそうは答えませんでしたよ」と私が言うと、彼はショックを受けたようです。私は続けました。「CTOはいちばん重要なのはモバイル戦略だと言ってました。理由を聞くと取締役会の言葉を引き合いに出しました。カレンに何がいちばんかを聞くと、彼女はプラットフォームに参加してくれる講師の獲得だと言いました。セールスリーダーに聞くと、大企業を顧客にすることだと答えました。誰も、収益というあなたの目標は口にしませんでした。つまり、足並みがそろっていないんです」

さらに続けました。「こうなっているのは、あっちもこっちも重要だと言っているからです。プロジェクトリストの中身は全部が最優先になってしまっているんです。戦略が、パンに塗ったピーナッツバターみたいに薄っぺらになってしまっています。つまり、とても多くの戦略的活動が、少数の人たちにのしかかっているんです。1つのチームに大きな目標を与えれば、1か月でそれが達成できるなんてこともありません。目標を達成しようと思ったら時間と人手が必要です。まずそこから始めなければいけません」

「プロダクトマネージャーについてはどう？　それが問題なら押し返すべきだし、リーダーも同じようにすべきだと思うんだが。もしやるべきことではないと思ってるなら、そう言ってほしいんだ」と彼は言いました。

「この会社はそういったフィードバックができるようにはなっていないんです。みんなが、あなたやマネージャーと話すのを怖がっているんです。みんなのボーナスは、問題解決ではなく、ソフトウェアのリリースと結び付いてしまっています。リリースしないとボーナスが貰えない。みんなそう考えているんです」と私は答えました。

「さらに言えば、プロダクトマネジメントの人選が間違っています」　私は続けました。「収益増加につながる正しいソリューションを見つける方法がわかっていません。彼らはマーケッターであって、プロダクトマネージャーではないんです。ちゃんとしたプロダクトマネジメント組織を作って、ビジネス価値を達成する方法を探求できるようにしなければいけません。これは特別なスキルセットなんです」

クリスは追い詰められているようでしたが、腹をくくったようにも見えました。「それで、私は何をすればいいんだろう？　会社は成功しなきゃいけないんだ。メリッサ、どう直せばいいんだろう？」

「クリス、あなたはビルドトラップにはまっています。抜け出すには、会社としてもリーダーとしても、ソフトウェア開発のやり方を変えなければいけません。プロダクト主導にならなければいけないんです。これには、組織全体のメンタリティをデリバリーからアウトカムの達成に変えることも含まれます。戦略を変え、構造を変えて、働き方だけじゃなく、そのもとになる方針や報酬制度も変える必要があるんです」

彼は呆然としていました。

「これだけの変化の準備ができていますか？　簡単ではないです。でも絶対にできます」　私はそう言いました。

「今までと同じやり方をしていたら、ビジネスが失敗してしまうんだ」　彼は言いました。「やろう」　そこから私たちはスタートしました。

マーケットリーはビルドトラップにはまってしまう企業の典型例でした。問題はアイデアやプロダクトが良くないことではなく、プロダクトが成功に向けて成長し続けられるような会社になっていなかったことです。本当の価値を創出して維持するのに必要な役割も戦略もプロセスも方針も組織にはなかったのです。

ビルドトラップは企業を悩ませる恐ろしいものです。みんながソフトウェアをたくさんリリースするのに集中しすぎて、本当に重要なことを見失ってしまうのです。本当に重要なのは、顧客価値を生み出すこと、ビジネス目標を達成すること、競合に先んじることです。

重要なことを見失って、価値が何を意味するのかを忘れてしまうと、自分たちが作るプロダクトやときには企業そのものが失敗します。これは企業の規模に関係なく起こります。

コダックはデジタル写真がアナログ写真に取って代わることを見過ごしました。変化に対応する代わりに、それまでのやり方を強化しました。本書の最後で説明しますが、革新を起こそうとしたのに、組織の構造はそれに対応できるようになっていませんでした。取り組みは小さく、遅かったのです。

マイクロソフトはすぐに失敗するような危険はありませんでしたが、混乱への道を進んでいました。サティア・ナデラがCEOになるまでずっと同じ戦略を取っていて、ビジネスはWindows頼りでした。彼は、会社がイノベーションを続けられるように将来の戦略を練り直し、組織全体の足並みをそろえました。

ビルドトラップはソフトウェアのリリースに限った話ではありません。アウトプットを中心とした進ちょくの尺度と、価値という本当の尺度を混同するのもビルドトラップです。また、ビルドトラップは、今までのやり方を変えなければいけないことに気づくきっかけでもあります。ビルドトラップから抜け出すには、開発チームだけでなく、組織全体を見る必要があります。あなたの組織は継続的に価値を創出できるように最適化されているでしょうか？　組織として、プロダクトを成長させて維持できるようになっているでしょうか？　これこそが、プロダクト主導組織がやるべきことなのです。

本書では、プロダクトマネジメント組織を作って、ビジネス価値と顧客価値を最大限に高める機会を探す方法について詳しく説明します。まず、プロダクトマネージャーの役割と、うまくスケールする構造をどう作るかという点から始めます。次に、戦略がこの役割をどうサポートするか、プロダクトチームが戦略を達成するためにどのように働くべきかを解説します。最後に、組織がこれを維持するために、方針、文化、報酬制度をどう設定するのかについて説明します。つまり本書は、プロダクト主導の組織になることでビルドトラップから抜け出すためのガイドを提供しているのです。

まずは、ビルドトラップがどのように現れ、どんな兆候に気を付けるべきかを見ていきましょう。最初は価値の誤解についてです。

1章 価値交換システム

価値を誤解すると、企業はビルドトラップにはまります。ビジネスや顧客のために創造したいアウトカムと価値を結び付ける代わりに、作ったものの数で価値を計測してしまうのです。マーケットリーの例が良い例です。1か月で10個の機能をリリースしたことをリーダーは喜びましたが、これらのいずれも彼らの目標を達成することはありませんでした。

基本に戻って、本当の価値を決めるものが何なのか確認しましょう。そもそも企業は**図1-1**に示すように、価値の交換をしています。

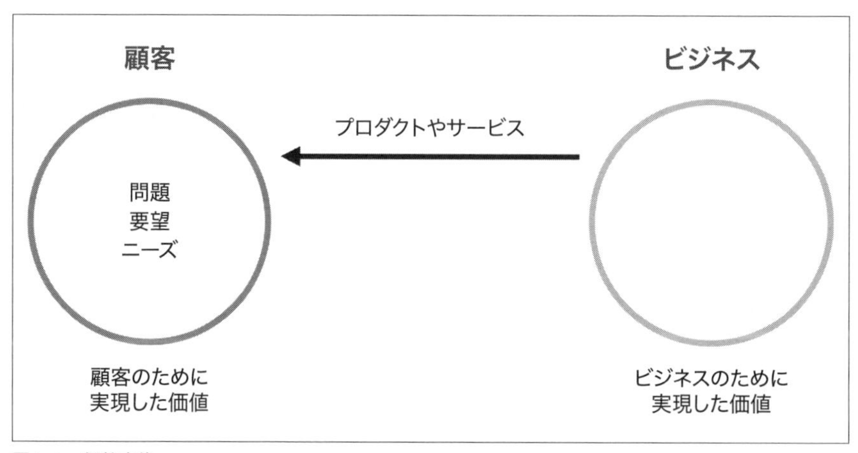

図1-1　価値交換

顧客やユーザーは問題や要望、ニーズを持っています。その逆側にビジネスがあり、問題を解決したり要望やニーズを満たしたりするために、プロダクトやサービスを作っています。顧客が**価値**を認めるのは、自分たちの問題が解決したり、要望やニーズが満たされたりしたときだけです。そのときだけ、**図1-2**に示すように、彼らはビジネス側に価値を返してくれます。

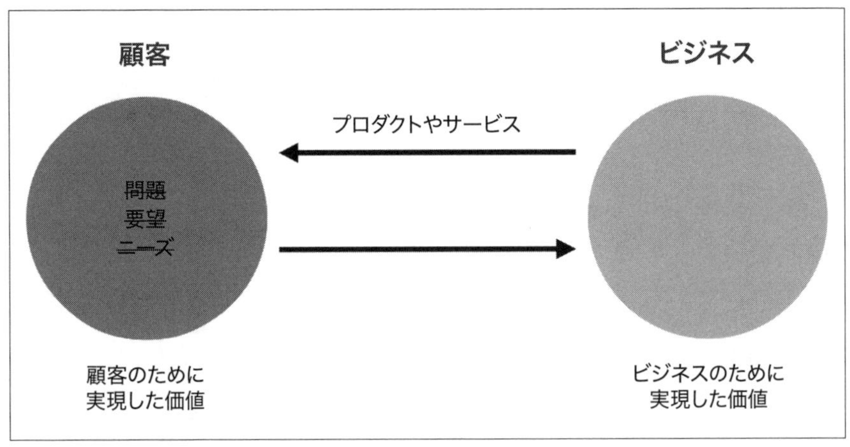

図1-2　価値交換の実現

ビジネスの観点における価値は非常に明快です。お金、データ、知識資本、プロモーションなど、ビジネスを活性化するものが価値です。すべての機能や企業としての活動は、ビジネス価値に結び付いた何らかのアウトカムをもたらさなければいけません。

しかし、価値の計測、特に顧客やユーザーの視点から価値を適切に計測するのは大変です。本質的に、プロダクトやサービスに価値はありません。価値があるのは、顧客やユーザーにとって意味のあること、つまり問題を解決したり要望やニーズをかなえたりすることです。これを繰り返し安定的に行うことこそが企業を成功に導いてくれます。

顧客やユーザーの問題を十分に理解していなければ、企業は顧客やユーザーにとっての価値を定義することはできません。顧客に関する情報を学習するのではなく、代わりの指標を作るような間違いをしてしまいます。すると、「価値」はリリースした機能の数となり、結果的にリリースした機能の数こそが成功の主要指標になってしまうのです。

こういった企業は従業員にモチベーションを持たせるのにも同じやり方をします。開発者は動くコードをたくさん書くと評価されます。デザイナーはインタラクションの絶妙な調整やピクセル単位の完璧なデザインによって評価されます。プロダクトマネージャーは長い仕様書を書いたり、アジャイル用語でいうバックログをたくさん作ったりすることで評価されます。チームはリリースした機能が多いほど評価されます。このような考え方が広まっていますが、これは有害です。

私はかつて、大企業向けのデータプラットフォームを作っている会社で働いていたことがあります。私が入社したとき、合計で30個の機能があり、40以上の項目がバックログに入っていました。顧客が既存の機能をどれだけ使っているか計測したところ、継続的に使っているのはたった2%しかないことがわかりました。それでも、既存のものを再評価しようとせず、さらに機能を追加しようとして開発を進めていました。

どうしてそうなったのでしょうか？　それにはいくつか理由があります。ビルドトラップにはまっている多くの企業に当てはまるものです。その会社は競合企業がリリースした機能すべてに追随して、巻き返そうとしていました。競合企業でその機能が成果を出しているかどうかもわかっていませんでしたが、マネジメントがそれを主張したのです。同じことがFacebookに対抗しようとしたGoogle+でも起こりました。十分な差別化要素がなく、コピーしただけだったのです。

その会社はセールスプロセスで過剰に約束しすぎていました。契約書にサインを貰うために、なんでも提供することを約束してしまっていました。結果として、多くの顧客に対応できるような戦略的な選択をせず、たった1つの顧客のニーズしか満たさない単発の機能がたくさんできてしまいました。それぞれの機能が顧客に対してどれだけ独自の価値を提供できていて、どれだけ会社の戦略がうまくいっているかを分析することもありませんでした。会社は受け身の状態に陥ってしまっていたのです。プロダクトは意図を持って作られてはいませんでした。それでもユーザーカンファレンスで話題になる機能がたくさんあることから、会社自体は成功していると考えていました。その会社は、何が顧客にとってそのプロダクトを魅力的なものにしているのか、何がその会社を特別なものにしているのか、という視点を失っていました。

顧客やユーザーを知り、彼らのニーズを深く理解しなければいけません。そうすればどのプロダクトが顧客とビジネスの双方のニーズを満たすのかを判断できるようになります。これこそが、**図1-3**に示す価値交換システムの作り方です。このような理解を得るには、企業は従業員を顧客やユーザーと近づける必要があります。それによって学習できるようになります。これを可能にするには、組織全体で正しい方針を持つ必要があります。

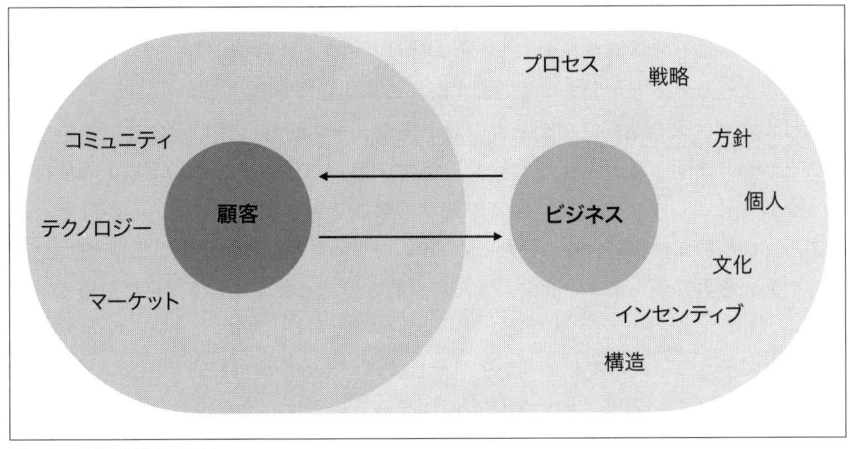

図1-3 価値交換システム

方針は、この価値交換に影響を与える制約の1つです。価値交換システムは、**図1-2**に示したように、双方からの制約を受けているのです。

2章 価値交換システムの制約

顧客やユーザーは、周りの人たち (コミュニティ、家族、友人など) の影響を受けます。また、自分たちが使えるテクノロジーやマーケットに出回っているテクノロジーの影響も受けます。顧客やユーザーは孤立した存在ではないので、周りの影響を受けて要望やニーズが変化します。同じように、そういった要望やニーズに対処する機会も継続的に進化していきます。このような環境を直接コントロールするのは企業の手に余ります。私たちにできるのは、どう行動するかをよく知るために環境を理解することだけです。

同時に、企業も自らの制約に直面します。価値の最大化を実現するには、組織が適切な人、適切なプロセス、適切な方針、適切な戦略、適切な文化を持っている必要があります。顧客側の制約や影響のほとんどは私たちのコントロールの外側にありますが、ビジネスに関しては制約とそれをどう扱うかは自分たちで完全にコントロールできます。これらの制約が厳しすぎると、システムの両側で価値が犠牲になります。

たとえば、多くの企業は厳格な開発プロセスとケイデンス[†1]に従っていて、実験する機会がありません。私がトレーニングやワークショップの開始時に、「最後にリリースしたもののふりかえりをしている人は手を挙げてください」と言うと、通常15～20%の人が手を挙げます。そこで「では、リリースしたものがうまくいったかはどうやってわかりますか？」と質問します。答えは、期限に間に合ったとかバグのないコードだったといったものになるのが通常です。

これは企業がアウトカムではなくアウトプットに最適化してしまっている良い例です。**アウトプット**とは簡単に数えられるもののことです。プロダクトの数とか機能の

†1　訳注：サイクリングや音楽でよく使われる用語で、リズムやペースのこと

数、リリースの回数や開発チームのベロシティといったものです。**アウトカム**とは、私たちが機能を届けて顧客の問題を解決したという結果のことです。本当の価値は、ビジネスにとってもユーザーや顧客にとっても、これらのアウトカムのなかで実現されます。

しかし、私が出会った企業の多くはアウトプットモードにはまっていました。彼らの組織全体がアウトプットを増やすように最適化されています。プロセスは締め切りや、リストにある機能にできる限りたくさんチェックを入れることを中心に置いています。チームはたくさん作ることで評価されています。方針は、チームにたくさんのコードを書かせたり、たくさんの機能をリリースしたりするように仕向けるために存在していて、顧客と話すといった労力は無駄だと見なされています。

ほとんどの企業が、これらの要因が価値の創出に与える悪影響について認識していません。これは、自分たちの行動のアウトカムを計測していないためです。そうして、戦略とビジョンを見失って、ビルドトラップにはまるのです。

戦略的になって、それに合うように組織を運営するためには、リリースした機能の数によってチームを評価するのをやめなければいけません。代わりに、価値を定義して計測し、ビジネスやユーザーのアウトカムを実現できたら称賛すべきです。そして、その実現の助けになるようなプロダクトを作るべきなのです。

3章
プロジェクト / プロダクト / サービス

戦略的思考への転換には、プロダクト開発に対する考え方の転換も必要です。多くの企業は、プロジェクトベースの開発サイクルを利用しています。このサイクルでは、実行する作業の範囲を設定し、締め切りやマイルストーンを決めてから、チームに作業を依頼します。プロジェクトが終わると、チームは別のプロジェクトに取りかかります。こういったプロジェクトの多くで、アウトカムを計測する独自の尺度を持ってはいますが、これは上位の戦略と整合してはいません。

世の中には、プロジェクトマネジメント型の思考を促進するような多くのフレームワークや認定資格があります。たとえば、PRINCE2（PRojects In Controlled Environments, 2nd version）[†1]やPMI（Project Management Institute）によるPMBOK（Project Management Body of Knowledge）[†2]などです。ビルドトラップにはまっている企業では、こういったフレームワークとプロダクトマネジメントのフレームワークを混同していることがよくあります。

プロダクトマネジメントを理解し、それがプロジェクトマネジメントとどう違うのかを理解するには、まずプロダクトとは何なのか、それがなぜ重要なのかを定義する必要があります。

以前に説明したように、**プロダクト**とは価値を運ぶものです。プロダクトは顧客やユーザーに価値を届けます。企業は必ずしも毎回新しいものを作る必要はありません。ハードウェア、ソフトウェア、消費財など、ユーザーの価値を達成するのに人手

†1　訳注：欧州や国連のプロジェクトで使われるプロジェクトマネジメント手法で、英国商務局がもともと開発した

†2　訳注：アメリカの非営利団体PMIが取りまとめているプロジェクトマネジメントの知識体系で、世界各国で利用されている

の介在が必要ないものであれば、何でもプロダクトです。Microsoft Excel、ベビーフード、Tinder[†3]、iPhone。これらはすべてプロダクトです。

サービスはプロダクトと違って、ユーザーに価値を届けるのに人手を使います。企業向けにロゴやブランドを作るデザイン会社とか、税務処理をしてくれる会計事務所などがサービスベースの組織です。こういったサービスは、全部の顧客に同じ価格で同じサービスを提供しているのであれば、「プロダクト化」できます。それでも本質的にはそれをするには人が必要です。拡大を目指して、これを自動化することもできます。サービスを実現するためのソフトウェアプロダクトを作ることによってです。

多くの企業は価値を届けるのにプロダクトとサービスを組み合わせています。たとえば、ユーザーのコンピューターに直接ソフトウェアをインストールするようなオンプレミスモデルのソフトウェアを提供している会社であれば、サービスチームがあって、インストールやカスタマイズやセットアップを代行します。サービスやプロダクトで成功したければ、ユーザーへの価値の流れを増やすシステムとして、双方を組み合わせて最適化する必要があります。

ここでプロジェクトが登場します。**プロジェクト**とは作業のかたまりで、特別な目的を持ったものです。締め切りやマイルストーン、具体的なアウトプットが設定されているのが普通です。プロジェクトが終わると、目的は達成していて、次のプロジェクトに取りかかります。プロジェクトはプロダクト開発の欠かせない一部ではありますが、プロジェクトだけ考えるという発想は悪影響を及ぼします。

プロダクトは育てていく必要があるもので、成熟に向けて成長していきます。これには時間がかかります。プロダクトを強化する機能をリリースすることは、この全体的な成功への貢献を意味します。機能の強化自体はプロジェクトですが、それが終わってもあなたの仕事は終わりません。全体的なアウトカムを実現し成功に至るまで、新しいプロジェクトを決めて、繰り返しやっていく必要があるのです。

これこそが、プロダクトマネジメントの概念とプロダクトマネージャーの存在が非常に重要になる理由です。プロジェクトではなくプロダクトを軸に進めていくには規律が必要です。価値を達成するためにプロダクトを最適化する企業のことをプロダクト主導組織と呼びます。プロダクト主導組織の特徴は、プロダクトを中心に据え、プロダクトの成長にあわせて組織を拡大し、望ましいアウトカムを達成するまで組織を最適化することにあります。

---

†3　訳注：位置情報を使ったマッチングアプリケーション

4章
プロダクト主導組織

プロダクト主導の企業は、自分たちのプロダクトの成功が企業の成長と価値の主要な原動力であることを理解しています。そういった企業は、プロダクトの成功に重点を置いて組織を構成し、戦略を立てます。これによってビルドトラップにはまらないようにしています。

しかし、プロダクト主導でないならほかに何があるというのでしょうか。多くの企業は、プロダクト主導ではなく、セールス、ビジョナリー、もしくはテクノロジー主導です。これらはいずれもビルドトラップにはまる可能性があります。

4.1 セールス主導

セールス主導の企業では、プロダクト戦略は契約によって決まります。データプラットフォームの会社で30個の機能があって、誰も使っていなかった例を思い出してください。これはセールス主導の企業の例です。プロダクトロードマップと方向性は、顧客への約束によって決まります。全体の戦略に沿っているかどうかは関係ありません。

小規模な企業の多くは、最初はセールス主導でスタートします。それは構いません。スタートアップでは、最初の大口顧客と契約を締結して、運営に必要な収益を得ることが必要だからです。したがって顧客と密にやりとりして、プロダクトロードマップを定義し、要望を全部取り込んで、時には特別なカスタマイズをします。ですが、このやり方は長くは続きません。50とか100以上の顧客数になると、それぞれの顧客にあわせて特別なものを作ることなどできません。特注の代理店にでもなるなら別ですが……。そうなると、戦略を変えて、カスタマイズなしで全員が使えるような機能を作るという戦略に変えていかなければいけません。

それでも、個別対応を望んでいない企業の多くが、本来よりもはるかに長い期間にわたってセールス主導で進めています。セールスプロセスがプロダクト戦略の先を行っていて、プロダクト側はずっと約束に追いつくようにしなければいけなくなっています。このせいで、プロダクトチームは戦略を立てたり、会社を成長させる可能性のあるものを見つけたりする余裕がなくなっているのです。

4.2 ビジョナリー主導

ビジョナリー主導の企業については、アップルを例に考えるのがいちばん簡単です。スティーブ・ジョブズがプロダクト戦略を考えて、会社はそれに向かって進みました。そうして、プロダクトの失敗というハードルを乗り越えて今日の成功に至っています。ジョブズが未知の領域[†1]を開拓して、会社はそれに従ったのです。

ビジョナリー主導の会社は、その人が適切な人であればとても強力です。しかし、世の中にスティーブ・ジョブズがたくさんいるはずもありません。そして、ビジョナリーが会社を去ったら、プロダクトの方向性はどうなるでしょうか？　たいていの場合ぼろぼろになります。これこそがティム・クックがCEOを引き継いだアップルで取り組まなければいけない問題です。世界はアップルが今までのプロダクトを踏まえて次に何をするか気にしているのです。

ビジョナリー主導の企業は持続可能ではありません。1人の人が最大の弱点にならないように、イノベーションをシステムに組み込まなければいけません。問題に取り組むのに1人ではなく5000人の頭脳があれば、その力を利用して成功できるのです。

4.3 テクノロジー主導

もう1つの一般的な形態が、**テクノロジー主導**です。テクノロジー主導の企業は最新のクールなテクノロジーを軸にして進みます。問題は、マーケットを踏まえた価値主導の戦略の欠如に悩まされることです。

テクノロジーはソフトウェア企業の成功に不可欠ですが、それだけでプロダクト戦略を推進することはできません。プロダクト戦略が先になければいけないのです。テ

†1　訳注：詳細は5章で説明する

クノロジー主導の企業は、無駄な努力をして、誰も買い手のいないクールなものを大量に作っていることに気づくのです。

プロダクト戦略をビジネス、マーケット、テクノロジーと結び付けることで、調和して機能するようになります。ユーザーに対する価値提案で主導できるようにならなければいけません。そうしないと収益は上がりません。

4.4 プロダクト主導

プロダクト主導企業の話に戻りましょう。プロダクト主導の企業では、ビジネスアウトカムを軸に最適化し、プロダクト戦略を自分たちの目標にあわせて調整します。プロダクトの持続的な成長の原動力になるようないちばん効果的なプロジェクトに優先して取り組みます。プロダクト主導になるには、役割、戦略、プロセス、組織全体を見る必要があります。本書はその助けになるはずです。

幸いなことに、プロダクト主導に変わることは技術的に難しいわけではありません。まったく新しいチームを雇う必要もありません。プロダクトを全部捨ててやり直す必要もありません。必要なのはマインドセットの転換です。これは時にとても難しい取り組みになるかもしれません。

本書のツールを取り入れて常に実践することで、マインドセットの転換につながるような仕事のやり方になります。ですが、最終的にはそれを維持しなければいけません。これは個人にとっても企業にとっても新しい考え方であり、困難が伴います。アウトカムに焦点を当て、実験マインドを取り入れてください。そうすることで、目標達成の不確実性を排除できるのです。

5章
私たちが知っていること、知らないこと

プロダクト開発は不確実性に満ちています。事実と、学習する必要があることを分離するのが重要です。そのためには、**図5-1**に示すように、私たちの置かれた状況において既知のことと未知のことを明らかにします。

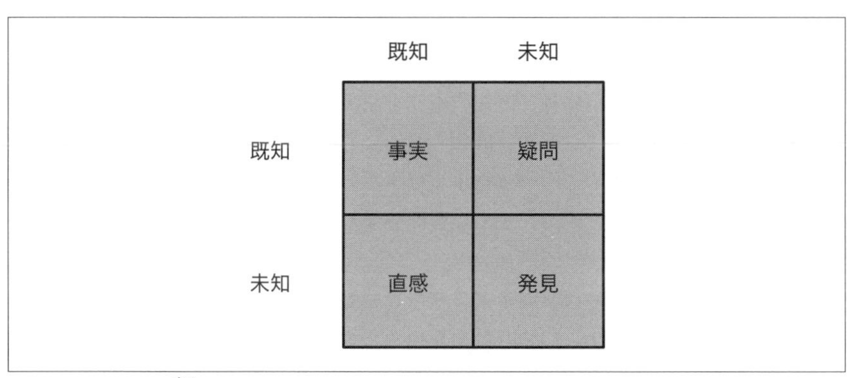

図5-1　既知と未知[†1]

プロジェクトを開始するときは、まず自分たちが何を知っているのかを明らかにします。その状況において真であること、つまり**既知の知識**から始めるのです。これはデータから収集できる事実だったり、顧客からの重要な要求だったりします。この時点では、すべての要求が明確である必要はありませんが、そのうちのいくつかは明確でなければいけません。政府の規制によって義務付けられているものや、仕事を片付

†1　訳注：縦軸は認知、横軸は事象を指し、縦横の順番に読めばよい

ける上で必須の基本的なニーズなどです。

それらの項目を事実として分類し、残りの不明な項目には**既知の未知**というラベルを付けます。既知の未知に分類されるのは、質問すべきことがわかっている場合です。検証すべき想定事項や、調査すべきデータポイント、特定したり探索したりできるような問題がそれにあたります。発見の手法や実験を活用することでこれらを明確にし、事実に変換し、その事実を踏まえて進めます。

未知の既知とは「こうするのが正しいと思う」というときのことです。長年の経験による直感とも言えます。直感に耳を傾けるべきではありますが、思い込みが入ることもあるので注意が必要です。直感が正しいかどうかを確認したり実験したりすることが不可欠です。

未知の未知とは、自分が知らないということを知らない状態を指します。適切な質問をしたり知識のギャップを特定したりするだけの知識はありません。つまり、発見すると驚くことになります。これが起こるのは、顧客と話しているときや一見するとなんの関連もないデータを分析しているときです。調査の結果浮かび上がってくるのです。こういった発見を受け入れて、それを詳細に見ていく必要があります。それらは会社の形をも変えてしまう可能性があることだからです。

プロダクトマネジメントには、既知の未知を認識して調査することと、未知の未知を減らすことの双方が含まれます。既知の既知にもとづいてソリューションを実行するのは誰にでもできます。こういった事実はすぐにわかるからです。ですが、膨大な量の情報をふるいにかけ、いつ、どんな質問をするかを明らかにするには、一定のスキルが必要になります。

プロダクトマネージャーはビジネス目標を達成できて顧客の問題を解決できる機能やプロダクトを特定します。つまり価値交換システムを最適化します。

セールスやマーケティングからテクノロジー、デザインまで、企業におけるさまざまな役割について考えてみてください。これらの多くはテクノロジー面かビジネス面のどちらか一方しか見ていません。プロダクトマネージャーはテクノロジーとビジネスのあいだにいて、ビジネスを維持して成長させながら、顧客のニーズをプロダクトに変換するという役割を担っています。

プロダクトマネージャーは、プロダクト主導になるためのカギを握っています。しかし、多くの企業ではこれにあった能力を持たない人をプロダクトマネージャーの役割に割り当てています。間違った責任を与えたり、間違った期待をしたりすることもよくあります。**第Ⅱ部**では、プロダクトマネージャーの役割とは何なのか、ビルドトラップから抜け出す上でどう役に立つのかを議論します。

第II部
プロダクトマネージャーの役割

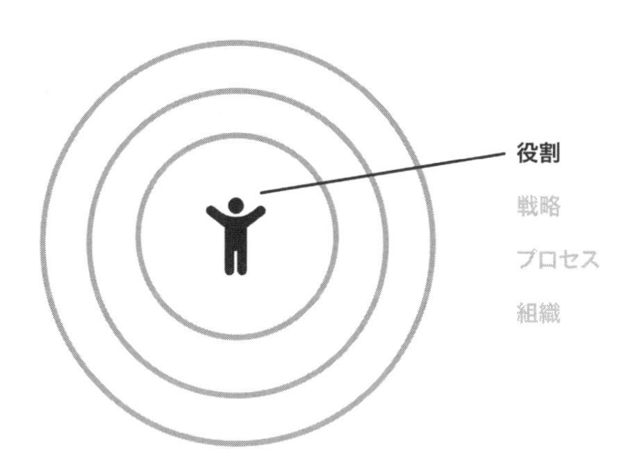

プロダクトマネジメントは、あなたがチームで果たす役割だけでなく、キャリアです。**プロダクトマネージャー**はビジネスと顧客の両方を深く理解し、価値を生み出す適切な機会を見極めます。ユーザー分析や顧客フィードバック、マーケット調査、ステークホルダーの意見などのさまざまなデータを組み合わせて、チームがどんな方向に進んでいくのかを決定する責任があります。**なぜ**そのプロダクトを作っているのか、どんなアウトカムを生み出すのかといった点をチームが忘れないようにするのもプロダクトマネージャーの仕事です。最高プロダクト責任者は企業のプロダクトチームの要で、ビジネスアウトカムとロードマップを紐付け、そのインパクトを取締役会に伝えます。企業はプロダクトマネジメントにおける標準的なキャリアパスを作る必要があります。そうすることで、必要となる適切な人材を集め、成長の機会を提供します。それが、今日の競争の激しいマーケットで生き抜くことにつながります。

私はプロダクトマネージャーになった最初の1か月で、初めてプロダクトの仕様書を書きました。上司にレビューしてもらうために印刷し、5分ほど涙ぐみながらそれを見ていました。それはまるで最愛の我が子を見ているようでした。私はその準備に丸々1週間かけました。21ページもの長さで、14個のきれいなモックアップを含んでいて、エラーケースも全部記載していました。開発者はこれを見れば準備が終わり、なんの質問も出ないだろうと考えていました。サイトのパスワード変更のページを作る上で、考えうるすべてのことが開発者に伝わると思っていました。

その数か月前まで私はプロダクトマネジメントとは何なのかさえ知りませんでした。最初の仕事で、プロダクトマネージャーとはクリエイターと仲裁者の役割であることを学びました。開発チームとビジネスを結び付け、要求を集めてそれを実際に使う機能に翻訳するのです。セールスチームと頻繁に会って、顧客が何を求めているかを学びました。顧客の習慣やニーズを学習するために、実際の顧客にインタビューしたことも何度かありました。最初の要求リストができたあと、プロダクトがどんなものなのかを理解できるようにPhotoshopを使ってモックアップを作りました。これは、私がプロダクトマネジメントとUXデザインが同じ分野ではないことを学ぶ数年前のことでした。

デザインの準備ができて、次は開発者向けの仕様書を書き始めました。実際のところ、その仕様書を使って開発者が何をするのか知りませんでした。ですが、仕様書を**本当に**詳細まで作れば、開発者は私と話す必要がないと教えられていたのです。ほとんどの同僚は、それがプラスになると考えていました。それで、20〜30ページからなる巨大な仕様書を作り、機能に関するあらゆることを詳細まで記述しました。仕様書には、それがどんなもので、見た目がどんな感じで、それがどう動くかといったことが含まれていて、ボタンを押したときに何が起こるかといったとても細かい点も書かれていました。それに加えて、エラー状態になったらどうなるか、フォームに何も入力せずに送信ボタンを押すとどうなるかといったシナリオまで網羅していました。仕様書を詳細に書けば書くほど、良いプロダクトマネージャーだと思っていたのです。

仕様書が完成したら、マネージャーのレビューを受けてから開発者に引き渡しました。数週間から数か月後に、でき上がった機能を受け取ってテストしました。すべて正しく動いていることを確認したのち、朝早めの時間に顧客向けにリリースしました。朝早くにリリースするのは、何か問題があっても混乱を引き起こすことなく修正できるからです。

私の最初のプロダクトで、21ページからなる仕様書から生まれた「パスワード変更」ページがリリースされたとき、私はとても誇りに思いました。私が携わった最初の機能だ！　やった！　そういう気分でした。しかし、優秀な開発者との会話と10分の1くらいのドキュメントがあれば、たぶん同じことを実現できたであろうことを私は理解していませんでした。プロダクトマネジメントのやり方として、そのようなやり方は教わっていませんでした。ほとんどの人が同じでしょう。

本書の**第Ⅱ部**では、プロダクトマネージャーの役割、プロダクトマネジメントを学習する道筋、企業が統制のせいでどう混乱しているのかを説明します。優れたプロダクトマネージャーは、ビジネス、テクノロジー、デザインといった部門と連携して、その集合的な知識を活用できなければいけません。プロダクトマネージャーに必要なこれらのスキルと、この極めて重要な役割をどう会社に組み込むかを見ていきましょう。そうすることで、顧客だけでなくビジネスにも最適なソリューションを見つけられるはずです。

6章
悪いプロダクトマネージャーの典型

プロダクトマネジメントを学ぶ方法はほとんどありません。大学で教わることもなければ、職場にもトレーニングプログラムはありません。マイクロソフトとグーグル以外で、プロダクトマネージャーのエントリーレベルのキャリアパスを持つ企業はほとんどありません。インターン制度があることもまれです。あなたが会うプロダクトマネージャーのほとんどは、社内異動やソフトウェア開発からの「昇進」です。

プロダクトマネジメントを教えてもらえるなら幸運です。要求文書（アジャイルのユーザーストーリー）の書き方、開発者との計画ミーティングのやり方、チェックインミーティングのやり方、ビジネスチームからの要望の集め方、作業やバグ修正の受け入れテストのやり方など……。こういったことを学ぶのはとても簡単です。

ウォーターフォールのプロセスでは、プロダクトマネージャーの最初の一歩は、ビジネス側の人たち（**内部ステークホルダー**と呼びます）と話し合って意見や要望を聞くことです。プロダクトマネージャーになったばかりの人向けのトレーニングでも、このやり方が推奨されています。つまり、常にステークホルダーを満足させろというのです。私が初めてプロダクトマネージャーをしたとき、ステークホルダーはマーケティングマネージャーと私の上司とセールスチームだと言われました。彼らと毎週会って、何を達成する必要があるのかを理解し、彼らの要求を仕様に落としました。要求が詳細までわかったら、デザイナーに引き渡して、魅力的なインターフェイスを作ってもらいます。あわせて、開発者と協力しながらシステム要件を確認します。

デザイナーが作ったものをプロダクトマネージャーが承認したら、開発者はコーディングを開始できます。コーディングには数か月かかります。大きなプロジェクトであれば、年単位でかかることもあります。プロセスの最後の最後になって、初めて顧客はプロダクトを目にします。

ここで、あなたが手を握りしめて「それじゃダメだ」と言っているなら、私も同感です。アジャイル手法の重要性が増すにつれて、要求が正しいかを判断するのに何年もかかるやり方の欠陥に多くの人が気づくようになりました。

マーケットリーのような会社を始めとして多くの企業が熱心にアジャイルを取り入れています。しかし、その多くはソフトウェアの価値を高める銀の弾丸だと考えており、結果に失望することになります。なぜでしょうか？　アジャイルは確かにコラボレーションを増やし、アジャイルによってソフトウェアを作る速度も速くなります。ですが、プロダクトマネジメントをどう効果的に行うかという観点が足りていないのです。

アジャイルでは、アイデアを作って検証するという最初のファネル部分を誰かがやると想定して、それを踏まえてソフトウェアの作成の最適化を目指しています。しかし、アジャイルさえあればソフトウェア開発が成功すると多くの企業が思い込んでしまい、前提の部分が失われてしまったのです。そうして、アジャイル組織のプロダクトマネージャーの多くは、未だにウォーターフォールのマインドセットでものごとを進めています。

優れたプロダクトマネージャーになるには、ユーザーをよく理解すること、システムを慎重に分析すること、マーケットを見極めて実行する能力を持つことが必要です。積極的に考えないで動きを進めていると、無駄な機能をたくさん作ってしまいます。プロダクトマネージャーには考え方をほとんど教えませんし、教えたとしても、その考え方がどれだけ成功の役に立ったかの計測もしません。その代わり、詳細な仕様を書いたり、開発者が確実に時間どおりにリリースしたりすると称賛されます。

プロダクトマネージャーの定義を質問すると、プロダクトマネージャーの人たちでさえ答えはさまざまです。「プロダクトマネージャーは、何を作るのかというアイデアを考える人です！」という答えもあれば、「顧客の声の代弁者です！」という答えもあります。そして、よくあるのが「プロダクトマネージャーはプロダクトのCEOです」という答えです。

何がプロダクトマネージャーの役割ではないのかを理解するには、悪いプロダクトマネージャーの典型例を理解する必要があります。順番に見ていくことにしましょう。最初は私が特に嫌いな「プロダクトのCEO」です。

6.1 ミニCEO

プロダクトマネージャーはプロダクトのミニCEOではありません。しかし私が見たプロダクトマネージャーの募集要項の90%は、そのような記述になっています。CEOは多くのことに対して唯一の権限を持ちます。人を解雇できますし、チームを変えることもできます。方向性を変えることもできます。一方で、プロダクトマネージャーは組織のCEOほど多くのことを変えることはできません。特に人に関する権限は持ちません。プロダクトマネージャーはチームレベルの人事権を持たないためです。実際に人を動かすには、その人たちに働きかけ続ける必要があります。

プロダクトマネージャーがミニCEOであるという「素晴らしい」神話によって、自分たちが世界を支配していると考えるようなとてつもなく傲慢なプロダクトマネージャーが生まれました。マーケットリーにもこのような人がいました。ニックです。ニックはビジネススクールを卒業したばかりで、プロダクトマネージャーとして雇われました。開発者全員が彼を嫌っていました。UXデザイナーも同じでした。なぜでしょう？

率直に言って、デザイナーや開発者にとってニックは酷い存在でした。ニックがプロダクトマネージャーになりたかったのは、次のスティーブ・ジョブズを夢見ていたからでした。ビジョナリーで、チームが作るものすべてを上から伝えるような人です。言うまでもなく、ニック以外の全員がそんなことは望んでいませんでした。「チームが話を聞いてくれない。私が欲しいものを作ってもらえない」　そう言って、彼はイライラしていました。かわいそうなニック。彼は自分の役割を理解していなかったのです。

私は彼を部屋の隅に連れて行って言いました。「いいですか。私も以前あなたと同じような感じでしたが、言わせてください。この考え方はあなたのためにならないです」　私はかつて富裕層向けのECサイトを運営するOpenSkyでプロダクトマネージャーの職を手に入れました。そして、その職を手放したくないと思っていました。私は自分のアイデアに対する批判は一切聞きたくありませんでした。結局のところ、私はビジョナリーだったのです。これは「私の仕事」だ。もし誰かが新しいアイデアを持ってきたらすぐに消し去ろう。そう思っていました。こんな態度では仲間はできません。正直言って、悲惨でした。チームのメンバーは誰も私と一緒に働きたいと思っていませんでした。

私の話は彼の注意を引いたようです。話を続けました。「ある日、上司が私を部屋の隅に連れて行って、チームとうまくやらないと失敗することになると忠告してくれました。それ以来、アプローチを変えました。私の仕事は価値を生み出すことであって、自分のアイデアを形にすることではありません。彼はそのことを思い出させてくれました。謙虚さがなければ、人に愛されるプロダクトを作ることはできません。それに気づくまで、顧客が望んだ結果を生み出さないものを作って、誰も使ってくれませんでした。誰も使ってくれないものを作ったせいで、チームはモチベーションをなくして、速度も落ちていきました」

ニックは話に聞き入っていました。「うまくやりたいんです。うまくやるにはどうすべきか、良いプロダクトを作るにはどうすべきか教えてください」　彼はそう言いました。

「チームの声に耳を傾けてください。チームを巻き込みましょう。顧客の話を聞いて、自分のソリューションではなく、顧客の問題に焦点を当てましょう。問題に恋してください。それからアイデアを検証するのに使えるデータを探しましょう。意見ではなく具体的な証拠に目を向けるんです」

ニックはこのアドバイスを真剣に受け止め、私たちは一緒になってこのアプローチに取り組みました。ブレインストーミングを開催して、それにチームを巻き込むところから始めました。1か月もしないうちに、みんなのニックに対する評価が良いものに変わり始めました。フォローアップをしたり、意見を求めたりして、信頼を取り戻していきました。それでもまだ信頼を取り戻す必要がありますが、間違いなく正しい方向に向かい始めたのです。

全員の意見に耳を傾けることは重要です。しかし、それはプロダクトマネージャーはすべての提案を取り入れなければいけないという意味ではありません。それが酷くなると、別のいちばんよくある典型的なプロダクトマネージャー像につながります。ウェイターです。

6.2 ウェイター

ウェイターのプロダクトマネージャーは、本質的には注文を受ける人です。ステークホルダーや顧客、マネージャーのところに行って、何が欲しいか聞き、それを開発すべき項目のリストにします。そこには、目標もなければビジョンもありません。意思決定もありません。マーケットリーのプロダクトマネージャーの90%はこういう人たちでした。

こういったプロダクトマネージャーからいちばんよく受ける質問は、「どうやって優先順位をつければよいか？」というものです。トレードオフの判断に使える目標がないので、要求を出す人たちの人気コンテストになります。多くの場合、いちばん重要な人の要求が最優先になります。これは特に大企業で顕著です。プロダクトマネージャーは、正しい意図を持って顧客のところに行って話をし、彼らが何を欲しいかを学習すべきです。しかし、ウェイターは問題を見つける代わりに、「何が欲しいですか？」と聞いてしまいます。顧客は具体的なソリューションを要求し、プロダクトマネージャーはそれをそのまま作ります。そうして、私の友人でプロダクトに関するアドバイザーやコンサルタントをしているデイビッド・ブランドが言うところの「プロダクトの死のサイクル」（**図6-1**）に陥ります。

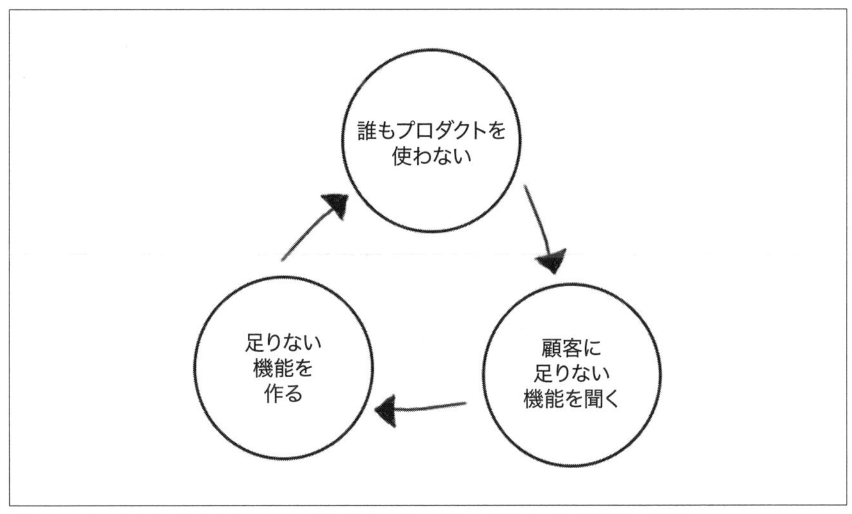

図6-1　プロダクトの死のサイクル（デイビッド・ブランド氏より許諾を得て引用）

プロダクトの死のサイクルはビルドトラップの一形態です。アイデアを評価することなくそのまま作ってしまいます。ですが、ソリューションを考えるのは顧客の仕事ではありません。あなたの仕事なのです。あなたは顧客の問題を深く理解し、いちばん良いソリューションを考えなければいけないのです。

ウェイターは受け身の思想家であって、戦略的な思想家ではありません。この原因は学習性無力感[†1]です。ソリューションを押し返して問題を深く掘り下げることなどできないと考えているのです。しかし、それは事実ではありません。顧客が望んでいるのは自分たちの問題の解決です。リーダーは目標を達成したいと思っています。プロダクトを成功させるためには、押し返すことが必須なのです。それも仕事なのです。

ウェイターは別のプロダクトマネージャー像と組み合わさることもよくあります。プロジェクトマネージャーです。こういった人たちは「なぜ」に着目するのではなく、「いつ」に着目する傾向があります。プロジェクトマネージャーがプロダクトマネジメントの役割を担うと、カレンダーをひらひらさせるウェイターになります。

6.3　プロジェクトマネージャーだった人

プロダクトマネージャーの役割を正しくこなすにはプロジェクトマネジメントが多少は必要ですが、プロダクトマネージャーとプロジェクトマネージャーは違います。プロジェクトマネージャーは「いつ」に責任を持ちます。いつプロジェクトが終わるのか？　全部が予定どおりか？　締め切りに間に合うか？　そういったことが関心事です。

プロダクトマネージャーは「なぜ」に責任を持ちます。なぜこれを作るのか？　どうやって顧客に価値を届けるのか？　ビジネス目標を達成する上でどう役に立つのか？　このようなことに責任を持ちます。最後の質問はほかの2つに比べて答えるのが難しいでしょう。自分の役割をよく理解していないプロダクトマネージャーは、これらの仕事を置き去りにします。多くの企業でプロダクトマネージャーとプロジェクトマネージャーを同じものだと考えてしまっています。

アジャイル手法では、プロジェクトマネージャーの責任をチームのなかで分散します。機能横断的なチームには、機能のリリースに必要な人たちが専任で参加しているため、部門をまたいでの調整が少なく済みます。そのため、さまざまな領域の担当者の時間を別々のプロジェクトに割り当てるやり方と比べて、プロジェクトマネジメントの必要性が低くなっています。

そこで、企業内でプロジェクトマネージャーをしていた人の多くが、プロダクトマネージャーかプロダクトオーナーを担うことになります。しかし、彼らには優れたプ

†1　訳注：長期にわたってストレスのかかる環境にいると、その環境から抜け出そうとしなくなること

ロダクトマネージャーに必要な経験が不足しています。「なぜ」に答えるのと「いつ」に答えるのは大きく違います。「なぜ」に答えるためには、顧客やビジネス、マーケットや組織といったことを理解した戦略的なマインドセットが必要です。これは優れたプロダクトマネージャーであるための極めて重要なスキルなのです。

7章
優れたプロダクトマネージャー

組織におけるプロダクトマネージャーの本当の役割は、チームと協力して、ビジネスニーズとユーザーの問題解決を同時に満たす適切なプロダクトを作ることです。そのためには、さまざまな帽子をかぶる必要があります。プロダクトマネージャーとして仕事を効果的に進めたいなら、会社のさまざまな側面を理解しなければいけません。マーケットとビジネスの仕組みを理解する必要もあれば、会社のビジョンと目標を本当の意味で理解する必要もあります。また、プロダクトのユーザーを理解するには、ユーザーに対する深い共感も必要です。

「プロダクトマネージャー」という名前そのものが誤解を招きます。プロダクトマネージャーはマネージャーではありません。このポジションに直接的な権限はあまりありません。チームリーダーとして効果を発揮するには、プロダクトマネージャーはチームメンバーの長所を認識し、共通の目標の達成に向けて一緒になって働く必要があります。プロダクトマネージャーは、自分たちが作っているものが正しいことをチームにも会社全体にも納得させなければいけません。人に影響を与えるというスキルはプロダクトマネージャーに不可欠です。

プロダクトマネージャーがプロダクト全体の持ち主であり、全員に何を作るべきか伝えることができるというのは、プロダクトマネージャーの役割に対する最大の誤解の1つです。そのような行動をすれば、チームのほかのメンバーから避けられるだけです。実際には、プロダクトマネージャーが持つのは「なぜ」それを作るのかという理由の部分です。目の前の目標を知っていて、会社の戦略に応じてチームがどの方向に向かうかを理解しているのがプロダクトマネージャーです。プロダクトマネージャーはチームメンバーに方向性を伝えるのです。

プロダクトマネージャーはチームと一緒に仕事を進めます。アイデアを出し、それを検証し、作っているプロダクトが顧客やユーザー、ビジネスの目標を確実に達成できるようにします。プロダクトマネージャーは、プロダクトビジョンを固め、それを形にして周りに伝え、そしてそのビジョンを守ります。しかし結局のところ、プロダクト（「なに」に値する部分）の実際の持ち主はチームなのです。

何を作るか決めるには、戦略的で実験的なアプローチが必要です。プロダクトマネージャーは実験の指揮を執りつつ、既知の未知を特定して明らかにしなければいけません。プロダクト開発の初期では、既知の未知は問題の探索や顧客のふるまいから明らかになります。つまり、「顧客のためにどんな問題を解決すればよいかわからない」ところから始まります。未知のことがはっきりするにつれて、不確実だったものが顧客の問題を解決するものに変わっていきます。

プロダクトマネージャーは点と点を結びます。顧客調査や専門的な情報、マーケット調査、事業の方向性、実験結果、データの分析結果などをインプットにします。そして、その情報をふるいにかけて分析し、企業の発展と顧客のニーズの解決に役立つプロダクトビジョンを作るのです。

そのためには、プロダクトマネージャーは謙虚な姿勢で、自分たちがすべてを知っているわけではないことを踏まえて学習しなければいけません。自分たちが取り組むべき仮説があることを理解し、それを評価してリスクを減らすために、科学的な考え方で取り組んでいきます。結局、プロダクトマネージャーの目標は、学習に重点を置いてリスクを減らすことなのです。重要なのは、自分たちのアイデアだけが良いアイデアなわけではないことを理解することです。

7.1　技術の専門家とマーケットの専門家

優れたプロダクトマネージャーでありたいなら、ビジネス部門やテクノロジー部門、デザイン部門と連携して、それぞれの知識を総合的に活用できなければいけません。最悪なプロダクトマネージャーの特徴の1つは、一匹狼のマインドセットです。つまり自分だけがプロダクトの成功に責任があるという考え方です。結果として傲慢になって、チームのアイデアを見下すようになります。優れたプロダクトマネージャーは、チームのスキルや専門知識を活用して、さらに成長できることを理解しています。

プロダクトマネージャーが何もないところからソリューションを考え出すことなどできません。たとえば、UXデザイナーと協力してユーザーの主要なワークフローを理解します。ユーザー体験がユーザーの目標達成に役立つからです。開発者と協力して、プロダクトや機能をすばやくマーケットに投入する方法を検討することもあります。

「UXデザインとプロダクトマネジメントはどう違うのか？」という質問をよく受けます。この2つの分野は重複するところが多いですが、UXは素晴らしいプロダクトを作る上での一部分にすぎません。デザインはプロダクトの成功に不可欠ですが、1つの要素にすぎないのです。プロダクトマネジメントはシステム全体を見ます。要件、機能コンポーネント、価値提案（バリュープロポジション）、UX、ビジネスモデル、価格モデル、全体の統合などです。そして、どうやってプロダクトで企業に収益をもたらすかを見つけるのです。組織の全体像を理解し、体験だけでなくプロダクトそのものを組織にあわせる方法を見つけるのがプロダクトマネジメントです。

企業がプロダクトマネージャーを雇うときの最大の間違いは、技術の専門家かマーケットの専門家を見つけようとすることです。プロダクトマネージャーは、こういったドメインの専門家ではありません。プロダクトマネージャーは、プロダクトマネジメントの専門家です。技術やマーケットのことを知らなくてよいという意味ではありません。開発者やビジネス側の人と話して意思決定できるくらいの知識は必要です。

プロダクトマネージャーに技術の素養は必要ですが、精通している必要はありません。つまり、開発者と会話したりトレードオフの決定を下したりできるくらいに技術を理解していれば構いません。機能や改善の複雑性を理解して開発者に正しい質問ができればよいのです。プロダクトマネージャーは、プロダクトが高度に技術的で意思決定に技術の理解が欠かせない場合を除いて、コードを書ける必要はありません。

マーケットにも同じことが当てはまります。プロダクトマネージャーがマーケットをよく知っていることは価値がありますが、これは学習できます。チームのなかでスキルのバランスを取ればよい話です。チームに高度なスキルを持ったマーケットアナリストがいるなら、プロダクトマネージャーはその人との会話の仕方、そこから学習する方法、その人のスキルを活用する方法を知っていればよいのです。

この問題もマーケットリーにはありました。マーケッターだった人をプロダクトマネージャーとして採用したのです。その人たちは、マーケティングのやり方は熟知していましたが、オンライン教育企業のプロダクトを作るのにとても苦労しました。最終的には、その人たちをコンテンツ制作に異動させました。そのほうが本人のキャリアにとっても会社の目標にとっても意味があったからです。

プロダクトマネージャーは戦略を立ててプロダクトにとって最適なものを決められ

るように、注意深くさまざまな分野のバランスを取ります。優れたプロダクトマネージャーであれば、チーム全員のインプットに熱心に耳を傾けつつも、最後はビジネスやユーザーにとって最善となるような難しい選択をします。

7.2 優れたプロダクトマネージャー

「それで、優れたプロダクトマネージャーとはどんな感じなんでしょう？」　マーケットリーのチームにそう聞かれました。私自身の話を聞くのは飽きていると思ったので、知り合いのプロダクトマネージャーのミーガンを連れて行きました。彼女は大手の銀行で住宅ローンのソフトウェアに関わっていました。彼女は、自分の役割についての考えや毎日どんなことをしているかについて、チームに来て話してくれました。

「住宅ローン部門のビジョンをいつも念頭に置いています」　そうミーガンは説明しました。「それが私たちのビジネスだからです。新規の住宅ローンの申し込みをもっと簡単で便利にし、すでに住宅ローンを利用している人はどこからでも情報にアクセスできるようにするのが私たちのビジョンです」

ミーガンの担当は、初めての住宅ローン申し込みにおける体験の向上でした。彼女は、実際に申し込む人たちと話をして学習するのに多くの時間を費やしました。「ユーザーに共感して、何がユーザーをイライラさせているのかを理解するのに本当に夢中になっていました。仮にユーザーの名前をメアリーとフレッドとします」　チームにそう語りかけました。「ニューヨークに住んでいて、コネチカットに初めての家を買おうとしています。まもなく子供が生まれるので、スペースが必要だったのです。住宅ローン申し込みでの2人の体験は信じがたいものです。この1か月、ローンの担当者に会うために銀行の支店に何度も行きました。オフィスで膨大な量の書類に記入しなければいけませんでした。必要な書類を持ってくるのを忘れて、翌日出直して全部やり直すこともありました。そのあと、必要な金額が借りられるかどうかを待たなければいけませんでした」　ミーガンは2人が体験する詳細なプロセスの説明を続けました。ミーガンが自分の顧客のことや、その人たちが苦痛を感じている箇所を詳しく知っていることに、疑いの余地はありませんでした。

彼女は顧客が苦痛を感じている箇所のうち、どれを解決するかをどうやって決めたのでしょうか？　ミーガンはプロダクト担当VPと協力して、彼女の部署のビジョンに沿ったビジネス目標を特定しました。それは、初めての住宅ローン申し込みの数を増やすことでした。当時、初めて住宅ローンを申し込む人たちの60%は、この銀行で手続きを終わらせることができず、もっとうまく手続きしてくれる競合のところに行ってしまっていました。彼女の目標は、その割合を改善することだったのです。そこで、彼女は住宅ローンサービスでの顧客のニーズや問題点を評価し、「これで申し込みを終わらせてくれる人が増えるだろうか？」と自問しました。

ミーガンが最初に理解したかったのは、この60%の途中離脱の要因でした。そこで、データを取り出して、誰が途中で離脱しているのかを調べて、その人たちに連絡を取りました。相当数の人たちが、手続きに不満を感じていて、改善を望んでいました。

ミーガンはチームの開発者とUXデザイナーを定期的にユーザー調査セッションに連れて行き、全員が問題をはっきり理解できるようにしました。すぐにあるパターンが見つかりました。潜在顧客の多くは、オンラインで処理できないことを前提に、書類の確認のために支店に来るように言われていたのです。書類の確認のための予約を取るのにとても長い時間がかかっていたため、ほかの銀行を選んでいました。ミーガンは調査の範囲を広げて、この問題が蔓延していることを明らかにしました。この問題に遭遇した人のうち、自分たちの銀行で申し込みを最後まで終わらせた人は、たった25%しかいなかったのです。

問題を特定できたので、チームを呼んでソリューションのアイデアを出しました。すぐには結論に飛びつかないように注意しながら、問題を解決する方法をいくつか考えました。その一方で、どのソリューションがいちばんよいかを検証する短期の実験をいくつか実施することに決めました。

ミーガンは実験の1つをチームに説明しました。住宅ローンに必要な書類をアップロードして検証するオンラインシステムを作る方法を理解するために、その作業を手作業でやってみるというものでした。そこで、チームは新規で申し込んだ人を選んで、書類をメールで送ってもらい、銀行側では書類を確認して承認する専任の担当者を1人用意しました。実験の対象になった人たちは、支店に来て書類の確認をする人と比べて、90%も多く申し込みを完了しました。

この実験によって、目標を達成しユーザーの満足度を向上させるには、全部をオンラインで完了させるのが最善の方法であることをミーガンは検証することができました。「いきなりそこから始められないのはわかっていましたが、それが将来のビジョンです。それぞれの要素を理解しながら、実現に向けて努力しなければいけません」

そこから、ミーガンのチームはいったん戻って、価値に優先順位をつけ、必要な労力を把握した上で、新しいプロダクトの最初のバージョンに何を含めるかを決めました。成功した実験を拡大し、申し込みの際の書類の送付についてもっと持続可能な方法を見つけることにしました。その一方で、書類の確認は人手のままにしました。全員の情報をオンラインで確認することはできませんでしたが、それでも支店への訪問回数を半減することができました。素晴らしいスタートでした。

書類の確認のために支店に来る回数をゼロにするという目標に到達するまでは、AIのコンポーネントやオンライン公証人のサービス導入など、ソリューションを反復していく計画を立てました。「プロダクトマネジメントで学んだいちばん大きなことは、常に問題に集中することです。『なぜ』から外れないようにしていれば、適切なものを作れる可能性が高くなります」とミーガンは言いました。

7.3 「なぜ」から始める

では、ミーガンとチームが成功に至った要因について説明しましょう。ミーガンは「なぜ？」と聞くところから始めました。次のようなものです。

- 住宅ローンの分野ですべてを電子化するのはなぜか？
- なぜこのプロジェクトをするのか？
- 達成したい結果は何か？
- 成功とはどのようなものか？
- すべてを電子化したのに誰も住宅ローンを申し込まなかったらどうなるか？
- どうやってリスクを減らすか？

プロダクトマネージャーは、リスクを考慮せずにソリューションの開発に没頭してしまうことがよくあります。上で列挙した質問はいずれもミーガンにとってのリスクを表していて、プロジェクトを台無しにする可能性のあるものです。では、なぜソリューションに没頭してしまうのでしょうか？　銀行やほかの組織の多くで、プロダクトマネージャーには「なぜ」を聞く機会が与えられていません。ステークホルダーやマネージャーから機能やソリューションを渡されるだけです。年度予算の策定時期にすでに決定していて、約束されてしまっていることもあります。もしくは、ソリューションを伝えるのがマネージャーの仕事だとされていることもあります。こんなやり方では、先入観が原因でソリューションの失敗リスクが高くなります。すべてのソリューションは、組織や個人の先入観の影響を受けます。先入観に対抗する方法は、顧客から学習して実験することだけです。

組織がソリューションを伝えるようなやり方をすると、成功の指標や目標の設定を飛ばしてしまいます。ミーガンのプロジェクトで、もし「住宅ローンの申し込みを電子化して、人による受付をやめろ」とだけ言われていたら、プロジェクトは違う進み方をしたでしょう。では、顧客がオンラインで申し込みたいと思っておらず、支店に行って対面でやったほうが快適だと思っていることがわかったらどうでしょう？　電子化した結果、申し込みの完了率が劇的に減ってしまったらどうでしょう？　間違っていることを軌道修正する余地がない状況で、いったいどうやって軌道修正すればよいのでしょうか？

組織がプロダクト主導になる手伝いに行ったときにリーダーたちから聞く最大の課題は、プロダクトマネージャーが仕事に力を入れておらず、「プロダクトを所有」してもいないことでした。これは諸刃の剣です。多くの場合、プロダクトマネージャーには、プロダクトをリードする上でもっとできることがあります。ソリューションを疑問に思って、押し返すこともできるはずです。ですが、データの収集やソリューションの検証といった作業には時間がかかります。アジャイルで言うところの**プロダクトオーナー**と**プロダクトマネージャー**を混同してしまうことが多いのは、こんなときです。

スクラムの本でプロダクトオーナーの責任を見ると、以下のような3つの責任が書かれているのを見かけます。

- バックログを定義し、開発チームが理解できるようなユーザーストーリーを書く
- バックログの手入れをし、優先順位をつける
- 完成したユーザーストーリーを受け入れて、基準を満たしているか確認する

こういったことは、1日か2日のプロダクトオーナー研修で重点的に学習します。スクラムにはプロダクトオーナーとして何をすべきかについて多くの情報が含まれていますが、プロダクトを成功させる上で重要な疑問が未回答のままになっています。たとえば、以下のようなものです。

- どうやって価値を判断するのか？
- マーケットでのプロダクトの成功をどのように評価するか？
- 適切なものを作っていることを確認するにはどうしたらよいか？
- プロダクトの価格とパッケージはどうやって決めるか？
- どうやってプロダクトをマーケットに投入するか？
- 自分たちで作るのとありものを買ってくるのでは、どちらがよいか？
- 新しいマーケットに参入するために、サードパーティのソフトウェアと連携するにはどうすればよいか？

プロダクトオーナーシップはプロダクトマネジメントの一部にすぎません。優れたプロダクトマネージャーは、明確でアウトカム志向の目標をもとに作業の優先順位を決める方法、本当の顧客価値やビジネス価値を定義したり見つけたりする方法、マーケットでのプロダクトの成功について不確実性を減らすためにどんなプロセスが必要かを決める方法などを学びます。

このようなプロダクトマネジメントのバックグラウンドがなくても、スクラムにおけるプロダクトオーナーの役割として動くことはできるかもしれません。しかし、適切なものを作っているかどうかを確認することはできません。つまり、プロダクトオーナーとは、スクラムチームのなかの役割なのです。プロダクトマネージャーはキャリアです。

スクラムチームとスクラムのプロセスを外しても、あなたはプロダクトマネージャーのままです。プロダクトマネジメントとスクラムはうまく組み合わせることができますが、プロダクトマネジメントはスクラムに依存はしません。この役割はフレームワークやプロセスに関係なく存在すべきで、企業は人材の成長のためにもそれを理解しなければいけません。

ほとんどの組織では、プロダクトビジョンや調査の作業に必要な時間を人に与えません。むしろ、定常的にアウトプットが流れることに責任を持たせ、積み上げたバックログや書いたストーリーをもとに成功を計測しています。

ミーガンが少なからず成功したのは、マネージャーと組織が彼女の成功を支援したからです。一緒になって目標を定義し、上司はそれを達成できる裁量を与えたのです。会社は、彼女がこの目標を達成するのに必要な作業を支援しました。いちばん重要なのは、彼女がユーザーと会話するのを許可されているという点でした。

住宅ローンの申し込みを完了しなかった人と話すことで、書類確認の問題を学びました。そうして、彼女は「あっ！　もし書類を確認する方法が見つかれば、住宅ローンの申し込みを最後までしてもらえると思います」と言えるようになったのです。彼女は、何が必要かを推測して、存在すらわからない問題のソリューションを投げつけるのではなく、解決すべき問題を見つけたのです。

それからミーガンはチームと一緒に問題解決の方法を見つけました。彼女の一人舞台ではなかったのです。開発者やデザイナー、ステークホルダーなど成功に必要な人を巻き込みました。必要なときに人を巻き込んだのです。彼女は問題を明らかにしないまま、ステークホルダーから機能の注文を受けるようなことはしませんでした。その代わりに、ソリューションを作るときに、住宅ローンビジネスのステークホルダーに情報やガイダンスを提供してもらったのです。彼女は社内のチームが欲しいものではなく、ユーザーとユーザーが必要としているものに焦点を当てました。実験が成功して、機能全体のビジョンの周りに人を集めることができたのです。

プロダクトマネージャーは最終的にいくつかの重要な役割を果たします。そのなかでいちばん重要なのは、ビジネス目標と顧客目標を組み合わせて価値を実現することです。優れたプロダクトマネージャーは、顧客の具体的な問題を解決する視点を保ちつつ、ビジネス目標を達成するプロダクトを開発したり、最適化したりする方法を見つけられます。これは非常に重要なスキルセットです。

多くの企業は、プロダクトマネージャーが何をすべきか、なぜ重要なのかを把握していません。自分の会社にプロダクトマネージャーは必要ないと思っている人たちとよく話をしますが、「CEOがすべて考えます」という言葉をよく聞きます。「私たちは大企業ではなく数百人の会社なので、リーダーシップチームだけで対処できます」これもよく聞きます。言い訳は山ほどありますが、そんな会社のなかには、ユーザーのために長期的な価値を維持するのに成功している会社はほとんどありません。すぐに崩壊するか、大企業であればゆっくりと消滅していきます。ビルドトラップから抜け出して、顧客が必要としているソリューションやプロダクトに対して焦点を当てたいのであれば、プロダクトマネジメントは必須なのです。

7.4　1つの役割、たくさんの責任

クリスは理解し始めたようです。「うん、プロダクトマネージャーが本当に必要だな。キャリアパスはどうなるだろう？　プロダクトマネージャーが積極的に仕事をして成長し続けられるようにするにはどうしたらいいんだろう？」　私たちは、シニア

になるとどんな責任を持ち、何が変わるかについて話を続けました。

プロダクトマネージャーの役割と責任は、コンテキストやプロダクトのステージ、あなたの組織での立場によって変わります。スクラムチームがなかったり、チームが小さかったりすれば、プロダクトマネージャーが検討中のプロダクトに関する戦略的な作業や検証作業を行うことになるでしょう。スクラムチームがあれば、ソリューションの実行に集中することになるかもしれません。あなたがプロダクトマネージャーのマネージャーであれば、プロダクトの大部分の戦略を主導し、チームが発見と実行をうまくできるようにコーチングすることになるでしょう。

Scaled Agile Framework（SAFe）はこの点において違うことを教えていて、そこがSAFeの最大の弱点です。SAFeでは、プロダクトマネージャーはプロダクトオーナーのマネージャーであり、外部との対話や作業に責任を持ちます。顧客と話をして、プロダクトの要求やスコープを定義し、それをプロダクトオーナーに渡すのです。プロダクトオーナーは内部を向いていて、ソリューションのコンポーネントを定義したり、開発チームと一緒に働いたりします。

私はSAFeを使っているたくさんのチームをトレーニングしたことがありますが、うまくいっているのを一度も見たことがありません。技術的に必要なことを整然と箱のなかに並べているフレームワークは確かに魅力的に見えますが、実際にはたいていうまくいきません。プロダクトオーナーがユーザーから切り離されていて、問題をよく理解していないので、効果的なソリューションを作ることはできません。プロダクトマネージャーは本質的には要求をウォーターフォールのように上から下に流すだけで、チームはそれが作るべき適切なものなのかを検証することも許されていません。誰も検証していないのです。

プロダクトオーナーが両方の役割を果たす時間がないという議論をよく聞きます。今のコンテキストでは、確かにそうでしょう。私が話したプロダクトオーナーは、山のようなユーザーストーリーを書くのに週40時間も使っています。その時点で、このユーザーストーリーに価値があるのか、何を優先しているのか、問題が解決できることをどうやって知るのかを質問しなければいけません。ユーザーストーリーを書くのに毎週かなりの時間を使っているのであれば、間違いなくビルドトラップにはまっています。

適切な戦略フレームワークがあって、いくつかの主要目標に沿ってしっかりと優先順位をつければ、顧客と会話し顧客の問題を理解して、チームがソリューションを考える手伝いをすることは1人でもうまくできます。外部向けの作業と内部向けの作業の割合は、プロダクトの成熟度や成功度によって変わります。しかし、こういった作業を一度に全部やろうとしてはいけません。

シニアのプロダクトマネージャー（VP、プロダクトリード、ミドルマネージャー）は、マーケット調査や企業の目標と戦略、現在のプロダクトの成功状況を踏まえて、チームのためにビジョンと戦略を定義するのに集中しましょう。私は顧客にそうするよう教えています。スクラムチームや小さなチーム（たとえば、UXデザイナーと開発者が1人ずつのチーム）を持たないプロダクトマネージャーは、将来のプロダクト戦略の検証などに貢献します。方向性の検証が終われば、その人たちを中心にしてスクラムチームを作り、ソリューションを作ります。

プロダクトの段階に応じて、チームの規模に柔軟性を持たせることが重要です。発見モードの段階なのに、プロダクトマネージャーに大きなスクラムチーム向けにバックログを管理させようとすれば、バックログは一杯になります。開発者に仕事を流し続けることと、方向性を検証するのに必要な作業をすることのあいだで板挟みになります。結果的に、どちらもうまくいきません。

ビジネスと顧客のために価値を創造するプロダクトを作りたいのであれば、企業には優れたプロダクトマネジメントの土台が必要です。組織のなかの人たち向けのキャリアパスが欲しいのであれば、まずはこの土台を身に付けられるようにします。そうすればシニアの役割に成長していけます。みんながプロダクトマネージャーのように考えられるようにしてください。スクラムチームでプロダクトオーナーの役割を果たしているかもしれませんが、作っているものが適切なのかを評価する上で、プロダクトマネージャーのように考えてもらう必要があるのです。

8章
プロダクトマネージャーのキャリアパス

組織の規模が小さければ、プロダクトチームの規模も小さくなります。この場合、チームの人たちは文字どおり全部を自分たちでやります。企業の成功を確実にするには、チームは多くの職能にまたがっている必要があります。企業の規模が拡大するにつれて、プロダクトチームも同じように大きくなり、責任範囲が明確になっていきます。プロダクトポートフォリオ[†1]をサポートするのに必要なすべての作業を1人でやるのは、時間的に無理です。したがって、プロダクトマネジメント組織に複数の階層を作り、戦術的な仕事、戦略的な仕事、運営に関する仕事の量に応じて担当者の責任を変えるようにします。

プロダクトマネージャーの**戦術的な仕事**では、機能を作って世に出すという短期的な行動に焦点を当てます。次にすべきことを決めるのに使うデータを処理したり、日々、開発者やデザイナーと一緒に作業を分解してスコープを決めたりすることも含まれます。

戦略的な仕事では、マーケットで勝利して目標を達成するためにプロダクトや会社のポジショニングを考えます。プロダクトや会社の将来像や、そこに至るために必要なことに着目します。

運営の仕事では、戦略を戦術的な仕事に結び付けます。プロダクトマネージャーは、プロダクトの現状と将来像をつなぐロードマップを作り、チームはそれに沿うように仕事を進めます。

開発チームと協力して進めること、個々のユーザーのニーズと問題に取り組むこと、データを計測すること。これらのスキルはプロダクトマネージャーにとって常に

†1　訳注：詳細は14章を参照

重要なスキルです。ソフトウェアやハードウェアを作る技術的な意味を理解し、UXがユーザー価値に与える影響を知り、それをビジネス目標に結び付けること。これらは、プロダクトマネジメントの分野の基本的な構成要素です。しかし、ポートフォリオやプロダクトの規模が拡大するのにあわせて、プロダクトの担当者はこの知識を単に機能に反映するのではなく、全体に反映するようにしなければいけません。すべての要素がシステムとして機能するようにするためです。これが、**図8-1**にあるように、プロダクトマネージャーが成長するにつれて仕事の内容が戦術的なものから離れていく理由です。

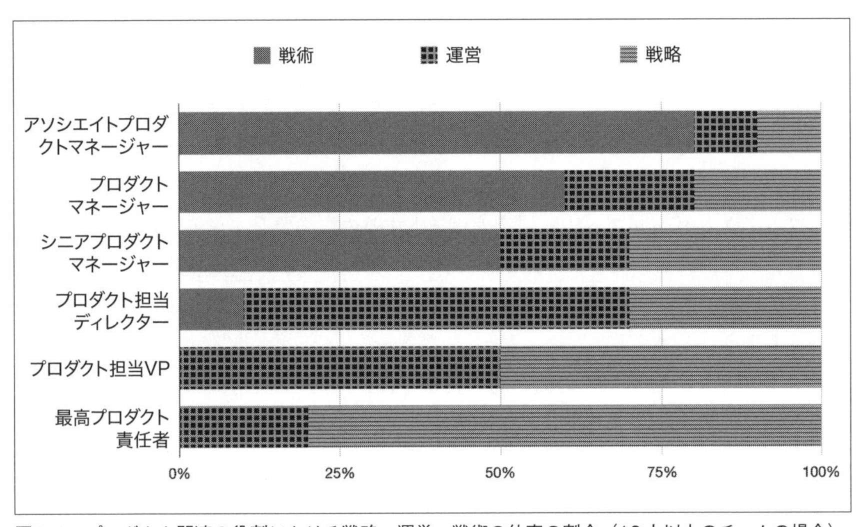

図8-1 プロダクト関連の役割における戦略、運営、戦術の仕事の割合（10人以上のチームの場合）

それでは、以下のような一般的なプロダクトマネジメントのキャリアパスについて説明していきましょう。

- アソシエイトプロダクトマネージャー
- プロダクトマネージャー
- シニアプロダクトマネージャー
- プロダクト担当ディレクター
- プロダクト担当VP

● 最高プロダクト責任者（CPO）

8.1 アソシエイトプロダクトマネージャー

アソシエイトプロダクトマネージャーは、プロダクトマネージャーのエントリーレベルのポジションです。**第Ⅱ部**の冒頭で述べたように、マイクロソフトとグーグル以外でこの役割を用意している企業は多くありません。業界のこの状況は変えていかなければいけません。企業が優秀なプロダクトマネージャーを欲しているのなら、育成を始めなければいけないのです。

この分野に親近感を持っていて学ぶ意欲のある人に対してであれば、プロダクトマネジメントの基礎を教えることはできます。ですが、これは**キャリアとして**身に付けなければいけない分野であることは覚えておいてください。**7章**で説明したように、プロダクトマネジメントは2日間の研修では学べません。多くのアジャイルコンサルタントはそれが可能だと力説するかもしれませんが、違います。ほかの専門分野と同じように、このスキルセットも経験と実践によって身に付けていくものなのです。

開発者はシニアアーキテクトや経験豊富な開発者とペアを組むことで、技術を身に付けます。セールスの人は、部門内の経験豊富なセールスリーダーからコツを学びます。同じことがプロダクトマネジメントでも必要で、それこそがジュニアな人とペアを組むシニアな人がプロダクトマネジメントにも必要な理由です。しかし、プロダクトマネジメントの領域でシニアな人を採用しようとした人であれば誰もが知っているように、マーケットにこの手の人は多くはいません。そういう人がいてもすぐにほかの会社に取られてしまいます。なぜシニアなプロダクトマネージャーはこんなに少ないのでしょうか？

プロダクトマネジメントでのアソシエイトやジュニア向けのプログラムがカギを握っています。あなたが会社の経営者かプロダクト組織を作る立場なら、このキャリアオプションを作ることをお勧めします。この役割をほかの分野からプロダクトマネジメントに移ってきた人たちや、学校を出たての人向けに用意しましょう。シニアプロダクトマネージャーとペアを組ませて、コツを教えましょう。必要に応じてコーチングもしてください。ジュニアな人たちにチャンスを与えることで、シニアな人たちが生まれるのです。

8.2　プロダクトマネージャー

プロダクトマネージャーは、開発チームやUXデザイナーと協力して、顧客のための適切なソリューションを考えて形にします。現場に行き、ユーザーと会話し、データを集め、機能の観点から意思決定をします。大規模なプロダクトであれば、プロダクトマネージャーは特定の機能や一部の機能に対して責任を持つのが普通です。

難しい役割です。プロダクトマネージャーは、機能のビジョンと、それをプロダクト全体にどう組み込むかを考えられるくらい戦略的でなければいけないですし、ソリューションを円滑に実行できるくらい戦術的でなければいけません。このレベルでは、短期のインパクトやロードマップ上の機能のデリバリーに責任があるため、戦略よりも運営側に偏る傾向があります。四半期ごとの重点項目を思い浮かべるとよいでしょう。

プロダクトマネージャーが100%運営側に振れてしまい、プロダクトのリリースプロセスだけに注目して、全体的な観点から機能を最適化していない状況は危険です。チームの日々の作業を最適化するだけだと、機能の成功に必要な戦略やビジョンに関する仕事が遅れてしまうのです。これが、プロジェクトマネジメントの作業をできる限りチームに戻して、チームを信頼しなければいけない理由です。

プロダクトマネージャーは大きなプロダクトチームの一員であり、プロダクトやポートフォリオを担当する人たちに対して、機能の成功に関するデータを提供します。これによってプロダクトポートフォリオや組織における戦略や方向性を伝えられるようになります。プロダクトマネージャーは、プロダクト担当ディレクターや小さな会社ではプロダクト担当VPに報告します。

多くの企業は**プロダクトオーナー**の肩書きを追加していますが、これには**7章**で説明した責任が含まれています。そのような企業では、プロダクトオーナーをプロダクトマネージャーに先立つエントリーレベルの役割だと考えています。以前に説明したように、プロダクトマネージャーが戦略だけを扱い、プロダクトオーナーが戦術だけを扱うようにしてしまうと、ビジョンと日々の作業のつながりが失われてしまいます。このせいで、プロダクトの担当者が戦術的になりすぎるという前述の危険に陥ります。キャリアのはしごを登ろうとしても、プロダクトオーナーでは効果を出す上で必須の戦略的な経験が得られません。一貫していて意味のあるキャリアパスとなるように、私たちは業界全体として、肩書きとしてのプロダクトオーナーをいったん忘れて、このポジションにいる人たちをプロダクトマネージャーと呼ぶとよいでしょう。

8.3　シニアプロダクトマネージャー

シニアプロダクトマネージャーはプロダクトマネージャーと同じ責任を持ちますが、より広範囲で複雑なプロダクトを監督します。プロダクトマネジメントの分野で個人として到達できるいちばん高いレベルで、人のマネジメントはしません。チームの成長ではなく、プロダクトの構築に集中するためです。この役割は直接報告する先がないと特に難しいものになります。運営関連の業務を引き継ぐ人がいないためです。その場合、高度に戦略的でありつつうまく運営するというバランスを取らなければいけません。

プロダクトの難しい問題を好む人向けの役割です。新しくて革新的なプロダクトに取り組み、企業の新しい領域を開拓します。この役割は開発におけるアーキテクトの役割に似ています。アーキテクトはほかの開発者のマネジメントをするよりも、開発の構造を考え、それを拡げることに重点を置いています。

シニアプロダクトマネージャーはプロダクトマネージャーと比べて独立して仕事をするため、企業の大きさに関係なく成功に不可欠です。起業家精神が旺盛で、新しいプロダクトラインを作るのもこのような人たちです。

8.4　プロダクト担当ディレクター

プロダクト担当ディレクターは大企業にしかいないのが普通で、規模拡大に重要な役割を果たします。企業が成長すると、ある時点で、プロダクトのトップに報告する人が多くなりすぎてしまいます。これは、プロダクトのスコープが増えて機能が増えるのと同時に起こります。戦略の足並みをそろえ、効率的に運営し、プロダクトチームをプロダクトやポートフォリオのビジョンと結び付ける上で、プロダクト担当ディレクターが必要になります。

プロダクト担当ディレクターは最上位のピープルマネージャーです。ポートフォリオやプロダクトに関係するプロダクトマネージャーたちを監督します。プロダクト担当ディレクターは通常、年単位での戦略的なプロダクトロードマップに責任を持ちます。あわせて、チーム運営が効果的に行われていることに責任を持ち、すべてのプロダクトマネージャーが適切な目標に沿って、プロダクトを前進させるいちばん重要な項目に取り組むようにします。

8.5 プロダクト担当VP

次は**プロダクト担当VP**です。この役割は、プロダクトライン全体の戦略と運営を監督します。

プロダクト担当VPには、企業の目標をプロダクトラインの成長に結び付ける責任があります。チームの人たちからのインプットやデータをもとにして、プロダクト全体のビジョンと目標を設定します。大企業では、プロダクト担当VPはプロダクトの機能のデリバリーだけでなく、財務的な成功にも直接的な責任を負います。大企業では、プロダクトポートフォリオの成功のために、すべてのプロダクト担当VPが、戦略と目的に沿って行動しなければいけません。

プロダクト担当VPは小さな企業では最上位のポジションになるのが普通です。プロダクトが1つで、複数のプロダクトラインがないためです。こういった企業では、プロダクト担当VPは1つ〜複数のプロダクトチームを担当し、作業を確実に終わらせるためにプロダクトの戦術的な側面にも踏み込む必要があります。つまり、プロダクト担当VPは起業家精神を持ち、新規プロダクトの立ち上げや成長を得意とします。

実際には、プロダクト担当VPは戦略か戦術のどちらかに偏りがちです。素晴らしいプロダクトマネージャーでプロダクトそのものを成長させる仕事が得意な人がいる一方で、戦略とプロダクトの成長計画を考えることに重点を置く人もいます。プロダクト担当VPが成功するには、基本的には戦略的な人材である必要があります。また組織を拡大するには、戦術や運営に関わる仕事を引き継ぐ人を雇う必要があります。こうすることで、プロダクト担当VPが最高プロダクト責任者に成長することを可能にします。

8.6 最高プロダクト責任者（CPO）

CPOはかなり新しい役割ですが、重要です。CPOはプロダクトポートフォリオ全体を監督します。プロダクトマネージャーのなかで最高位で、企業の経営陣の席を意味します。

2つめのプロダクトの開発を始めたり、別の地域に進出したり、別の企業と合併したりしたときには、CPOを置くことを検討すべきです。企業の目標を達成するためにポートフォリオ全体を確実に連携させる上で、この役割は重要です。

CPOはプロダクトポートフォリオの成長を通じて、事業の経済的成功を推進する責任を持っています。プロダクト担当VPは、プロダクトロードマップが企業の経済にどのように影響を与えるかを理解していなければいけませんが、CPOは全プロダクト横断でそれをする必要があるのです。目標の実現のために、すべてのプロダクトが企業の戦略目標に沿っていて、リソースや人の観点で必要なものを用意できているようにします。これらをプロダクト担当VPと連携して進めます。

CPOは取締役会の人たちともうまくやりとりできなければいけません。Insight Venture Partnersのベンチャーパートナーで、CPOの役割の専門家であるシェリー・ペリーはこう説明しています。「取締役会の人たちは技術とプロダクトの意思決定が与える経済的なインパクトを気にしています。CPOとして成功するには、自分たちの活動を取締役会が理解できる言葉に翻訳できなければいけないのです」

ペリーは投資先の企業に合うCPOを探す手伝いをしています。いずれも成長中の企業です。CPOを採用するとき、彼女はいくつかの性格的な特性に注目します。

> CPO候補の人たちが、プロダクト、技術、財務管理の点ですでに十分なスキルを持っていると仮定すると、彼らはまた最高のCPOたらしめる3つの特性を持っているのです。信頼と共感と強靭な精神力です。

プロダクトの方向性に対する信頼を高めるために、CPOは職能を横断して合意を得て足並みをそろえます。主要な部門とステークホルダーを橋渡しして一体化する必要があります。ストーリーの伝え方を調整し、正しい行動をすることで、これを実現します。このやり方で、影響力と権威の双方を駆使してものごとを進めることが可能になります。

ほかのCxOの役割と同じように、CPOがプロダクトマネジメントの本に書かれた原則だけをもとにして意思決定を下すことはありません。現在の状況、財務目標、組織変更の割合といったほかの要因も考慮しなければいけません。一緒に働くほかのグループ、顧客、自分たちのチームに共感することで、CPOはすべての目標を達成する方法を見つけられるのです。これによって、プロダクトを別の業界に展開したり、顧客の視点に集中したりできるようになります。

最後に、CPOには強靭な精神力がなければいけません。何がうまくいっていて、何がうまくいっていないのかを探りたいという欲求が必要です。継続的に仮説を分析、評価し、仮説があっているのか間違っているのかを明らかにし、データに対して責任を持ちます。計画どおりにいかないときには、何かできることを探し続ける粘り強さも必要です。

CxOに強力なプロダクトリーダーを据えることは、プロダクト主導になる上で必須です。この分野は始まったばかりで、残念ながらマーケットにはCPOは多くはいません。私の会社であるProdux Labsは、Insight Venture Partnersと組んで、プロダクト担当VPの能力開発を行ってCPOにするアクセラレータープログラムを作りました。成長段階の企業で優れたプロダクト主導組織を作るのに力を発揮するような将来のリーダーを育成できることにワクワクしています。

9章
チームを構成する

プロダクト開発を成功させる上で、機能やプロダクトに必要な作業をするプロダクトチームの構成は重要です。企業はバリューストリーム、機能、技術コンポーネントのいずれかをもとにしてチームを構成するのが一般的です。

私がマーケットリーに加わったとき、技術コンポーネントを中心としてチームが構成されていました。「プロダクトのあらゆる領域にスクラムチームを配置して、全体をカバーするようにアジャイルコーチに言われたんだ」とCTOは言いました。理屈ではこれは理にかなっていますが、実際には不十分なプロダクトマネジメントが広がるだけでした。

プロダクトマネジメントスキルについてのワークショップで、しっかりとした土台の重要性を訴えていたところ、1人のプロダクトオーナーが割り込んできました。「本当に素晴らしいし、そうやって働ければよいですよね。でも、バックログをログインAPI関連で埋めなければいけないんで、そうできないんです。でなければ、開発者は何もすることがないんです」

「新しいAPIなんですか？　それとも、すぐに修正が必要な大きい問題でもあるんですか？」　私はそう聞きましたが、APIはうまく動いていて大きな問題は何もありませんでした。「目標は何でしょう？　APIが完成してほかのことに取りかかって大丈夫というのはいつわかるんでしょう？」

「ああ、そうじゃないんです。私の担当がこれなんです。私のチームの担当はこのAPIで、ほかのことはしないんです。私たちの機能で……。これをずっとやるんです」　彼女はそう言いました。

つまり、すでに最適化できていて機能しており、安定した状態にある技術コンポーネントに一生懸命取り組んでいたのです。企業の目標を達成する上で、これに取り組む必要はありませんでした。なのに、自分がその担当で、それに関する仕事ならできるという理由だけで、チームのための仕事を作っていたのです。

チームが特定の機能を中心として構成されていると同じ問題が起こります。プロダクトのすべての箇所でオーナーシップを持たせるために、多くのチームがこんなやり方をしています。文字どおりゼロからのスタートでプロダクト組織がないのであれば、このやり方でよいでしょう。しかし、時が経つにつれて、アウトプット志向のマインドセットを誘発します。目標に向けて仕事をし、それに関係ないものにはノーを言うのではなく、プロダクトのごく一部にしか関係ないことをたくさん開発する方法を探そうとするのです。

一歩下がって、チームの作業をプロダクトの全体的なビジョンや戦略（次の章で説明します）に沿うようにすると、そういった仕事の多くは本当に優先すべきものではなかったことがわかります。機能が安定しているのであれば、それを横目で確認しながら、戦略をサポートするのに必要なほかの作業に移る必要があるのです。

ここで、チームに機能を担当してもらえば、誰がそれを管理しているかわかるのではないか？と質問したくなるかもしれません。答えはイエスでもありノーでもあります。チームを効果的に構成するためには、チームの担当範囲と達成したい目標のバランスを取らなければいけません。

企業が小さいうちは、達成したい目標に沿って組織を効果的に構成できます。TransferWiseがどうやったか見てみましょう。この会社はロンドンにある電子送金の会社で、銀行と比べてとても安い手数料で外貨送金できます。TransferWiseのプロダクトチームの数は比較的少なくて、12前後です。戦略的な目標に沿ってチームを構成することで、チームの規模を小さく保ちつつ、膨大な作業をこなしています。

あるチームはリテンション（利用継続）、あるチームは新たな通貨への対応、またあるチームは新規ユーザーの獲得に注力しています。それぞれのチームが自分たちの目標に対してオーナーシップを持っていて、成果にもとづいて成否を評価されます。その目標を達成するのに必要なことであれば、ほかのプロダクトも含めて作業できるようになっています。プロダクトチーム間では多くの調整が必要なので、全員が互いに協力する責任を持っています。調整が手に負えないように感じるかもしれませんが、チーム数が少ないと、いちばん重要なイニシアティブを中心として容赦なく優先順位をつけるようになります。無駄な仕事はありません。

この構造はまた、会社全体にかなりの冗長性をもたらしました。プロダクトの重要な情報が特定個人の頭のなかに埋もれないようになったのです。誰かがいなくなっても、その人が持っていた知識のことを心配する必要はありません。あるチームが忙しくてバグ修正ができなくても、ほかのチームは、誰も直し方を知らないという理由で修正を待つ必要もありません。

TransferWiseは極端な例ですが、とてもうまくいっています。企業が規模を拡大し、複数のプロダクトを維持するようになると、この方法は実行可能な選択肢ではなくなります。プロダクトの戦略と目標を中心に置きつつ、今のチーム構成に別のコンポーネントを追加しなければいけなくなります。そして、さらに組織のバリューストリームに目を向けることになります。

バリューストリームとは、価値を顧客に届ける上で必要になるすべての活動のことです。問題発見、目標の設定、アイデアの創出、実際のプロダクトやサービスのデリバリーまでのプロセスを含みます。すべての組織は、価値をすばやく顧客に届けるために、この流れを最適化するように努力すべきです。そのためには、チームをバリューストリームに沿って構成するのが理にかなっています。

では、どうやってそのようにチームを構成すればよいでしょうか。まずは、顧客やユーザーなど、最後にあなたのプロダクトを実際に使う人たちから始めます。その人たちにどんな価値を提供しているでしょうか？　そこからさかのぼって考えます。その人たちが価値を受け取るときのあなたの会社との接点は何でしょうか。それを明らかにした上で、顧客への価値の運搬を最適化、合理化するには、どんなチーム構成にすればよいかを考えます。多くの価値をすばやく顧客に提供するには、どう最適化すればよいでしょうか？

多くの企業がプロダクトという**言葉**に戸惑っています。あなたがプロダクトと言うと、ほかの人はアプリケーションや機能、インターフェイスを思い浮かべます。**図1-1**で紹介した価値交換システムのとおり、プロダクトは価値を運搬するものです。したがって、もしアプリケーションや機能やインターフェイスに付加価値がなければ、それは全体のプロダクトの単なる一部分にすぎないことになります。そういったものの面倒を見なくていいという意味ではありません。価値のデリバリーと創出を管理する方法を理解するには、こういった一部分を超えて考える必要があるということです。

保険会社を考えてみましょう。保険会社が顧客に売る商品は、自動車保険、住宅保険、生命保険などです。自動車保険に加入するのは、事故のときに安心だからです。それが価値です。たとえば、自動車保険を管理するiPhoneのアプリケーションはこのプロダクトのバリューストリームの一部にすぎません。このアプリケーションを使えば、保険の詳細情報を入手したり、事故に遭ったときの選択肢を見つけたりできます。この機能は私にとって価値がありますが、アプリケーションだけでは価値は不十分です。自動車保険の加入者であることが、このアプリケーションの価値を受け取るのに必要だからです。

このiPhoneアプリケーションのエクスペリエンスを担当するプロダクトマネージャーを置くことはできますが、その人たちは、本当の価値の部分を担当する部門、つまり自動車保険部門の一部でなければいけません。この構造によって、部門レベルで戦略を設定できるようになり、プロダクトマネージャーはプロダクトと結び付いたイニシアティブを実行することが可能になります。戦略と価値の実現を両立させることが重要です。このアプローチによって、チームで行っている作業を本当の意味で評価できるようになり、その作業が戦略の達成に不可欠であることを確認できるのです。

企業が拡大して多くのプロダクトを扱うようになると、さまざまな領域を効果的に監督するために、より多くの階層での管理が必要になります。ですが、やりすぎないようにしてください。階層の数が適切であることも戦略に大きな影響を与えます（次のセクションで説明します）。階層の数を減らして、プロダクトマネージャーがより広い範囲を扱えるようにすることで、プロダクト戦略をサポートできる組織を効果的に作ることができるのです。

9.1 マーケットリーのプロダクトチーム

マーケットリーのプロダクトチームはスケールするように設計されていませんでした。コンポーネントを中心とした20のプロダクトチームがあり、プロダクトマネージャーは日夜ユーザーストーリーを書いていました。20人のプロダクトマネージャーのうちのほとんどは、この役割に慣れておらず、アソシエイトプロダクトマネージャーと言って差し支えないレベルでした。彼らを監督するのはVPのカレンしかいませんでした。

「うちの組織をどう作ればいいんだろう？」　ある日クリスにそう聞かれました。

「バリューストリームを中心に作り直すべきですが、まずはシニアな人が必要です。経験豊富な最高プロダクト責任者を採用するところから始めるべきです」　私はそう説明しました。「カレンは素晴らしいプロダクト担当VPですが、最高プロダクト責任者を務めるのは難しいです。彼女は、戦術的な仕事や、1つのプロダクトのビジョンを決めたりそのプロダクトを成長させたりするといった戦略レベルの仕事は得意ですが、複数プロダクトのポートフォリオを管理する方法は理解していません。取締役会に対して、収益の観点でどうやってこのビジネスを成長させるのかを説明することもできません。今も圧倒されつつ学習を続けているのです。カレンは今の講師向けプラットフォームのプロダクトチームを運営したりビジョンを設定したりすることはできますが、次のレベルになるにはコーチングも必要ですし、戦略的な意思決定や組織的な意思決定をするには誰かの助けが必要です」

さらに続けました。「それと並行して、もっとシニアな人が必要です。チームの構成も見直す必要があります。機能のコンポーネントを中心にして人を配置していますが、それぞれのバリューストリームの全体像を俯瞰している人はいません。たとえば、あなたは、講師向けのプラットフォームを成長させて、動画をアップロードしたり講座を作ったりできるようにしたいと思っています。現時点でそれに関わるプロダクトマネージャーは4人います。ですが、全体のビジョンに責任を持つ人は誰もいません。プラットフォームがどうあるべきかについてなんの合意もありません。カレンは講師の体験に対してしっかりしたビジョンを持っていますが、同時に受講者の体験を扱うのは無理です。受講者の体験を引き継ぐ別のプロダクト担当VPも探しましょう」

図9-1にマーケットリーのプロダクト組織の最初の理想形を示します。私たちは今のプロダクトがどうなっているかを知るところから始めましたが、CPOを採用してより強力なビジョンが出てくれば、それにあわせて繰り返し構造を見直したいと考えていました。プロダクトビジョンがなければバリューストリームがわからないので、組織構造は決まりません。幸いなことに、マーケットリーには短期間で大きな影響を与えるだけのビジョンがありました。

こうして、私たちはシニアとジュニアの人たちのバランスを取りながら、適切にスケールできました。組織図に20人もいないことにお気づきかもしれません。なぜでしょう？　プロダクトをバリューストリームに分解して、APIのようなコンポーネント領域ごとではなく、全体的な価値を届けられるような機能のかたまりを中心としてチームを作ってみると、領域は20もないことがわかったのです。これは、チームの構造をコンポーネント中心ではなく、価値を中心にして再構築したときによく起こります。目標を達成するのにそんなにたくさんの人を必要としていないことに気づくのです。

サブスクリプション音楽サービスを提供するPandoraは、小さなチームを維持するという制約こそが成功の機会だと気づいた企業の例です。わずか40人のエンジニ

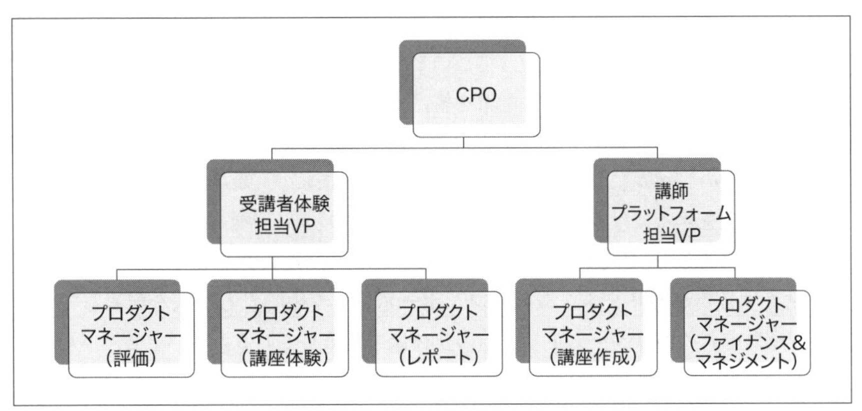

図9-1　マーケットリーのプロダクトマネジメント組織の最終形

ア[†1]で、7000万人のユーザーにサービスを提供しています。四半期ごとに仕事に容赦なく優先順位をつけて進めています。これこそが、Pandoraが70億ドルもの評価額になっている土台です。小規模のままでいることで、ビジネスの成長のためには、いちばん重要な作業に集中せざるを得ないようにしたのです。

プロダクトマネージャーはアウトカム志向の目標全体を管理できるようにしておかなければいけません。すなわち、価値を中心としてそれぞれの人たちが連携し、その価値に対して計測可能な影響を実際に与えられることを扱う必要があるのです。前述のとおり、これは戦略に沿ってチームを構成することにつながります。これこそがビジネスにとっていちばん重要な仕事です。

重要な目標を中心にして容赦なく優先順位をつけられるような一貫した戦略がないと、組織は自らを薄く伸ばしてしまうことになります。全体ではなく、コンポーネントを最適化しているチームはたくさんあります。ですが、大きな影響を与えるには、みんなが同じ方向を向いて、Pandoraがやったように同じ目標に向かって努力する必要があるのを忘れないでください。次の部では、これを確実に行うための戦略の作り方について説明します。

†1　"This Product Prioritization System Nabbed Pandora 70 Million Monthly Users with Just 40 Engineers", First Round. http://bit.ly/2O4KmR2.

第III部
戦略

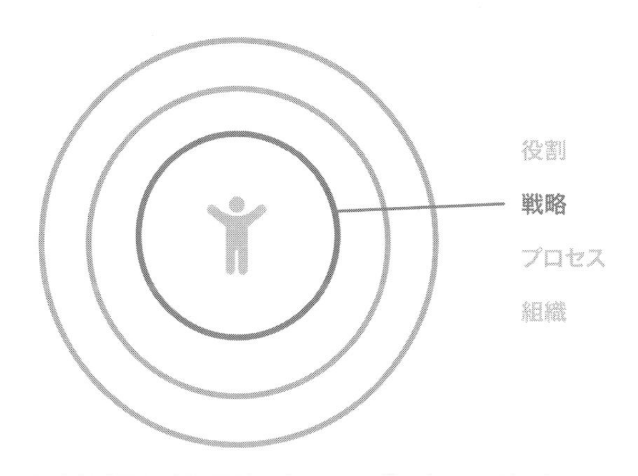

良い戦略とは計画のことではありません。戦略とは意思決定を下すのに役立つフレームワークのことです。プロダクト戦略は、企業のビジョンと経済面でのアウトカムをさまざまなものに結びつけます。プロダクトポートフォリオ、個々のプロダクトでの活動、チームが選ぶソリューションの選択肢がそれにあたります。戦略策定は企業の方向性を決めるプロセスであり、意思決定のフレームワークを作るプロセスです。企業のなかのそれぞれのレベルで戦略が作られ、それが組織全体に展開されます。

2005年の時点で、Netflixには400万人以上の加入者がいて、50,000もの映画やテレビ番組を扱っていました。それは創業以来6年間の著しい成長を表していました。創業者はブロックバスターの20ドルの延滞料金に嫌気がさして、「顧客にとっていちばん便利で簡単な方法で映画やテレビ番組を提供する」というビジョンを掲げ、全社でそれに向かって邁進していたのです。この顧客中心のビジョンによって、Netflixは市場がエンターテイメントを消費する方法を完全に破壊しました。

当時、NetflixはDVDの分野に多額の投資をしていて、大きな成功を収めていました。ですが、NetflixはDVDが最終形だとは考えていませんでした。2005年のInc. magazineによるインタビューで、創業者兼CEOのリード・ヘイスティングスはこう言っていました。

> DVDはこの先もしばらくは大きな利益を生み出し続けるでしょう。少なくともあと10年はマーケットを支配するはずです。しかし、インターネット経由で映画を見るようになってきていて、いずれは大きなビジネスになるでしょう。私たちは毎年、収益の1～2%をダウンロードによる視聴に投資していますが、これにとても期待しています。配送コストの劇的な削減につながるためです。私たちはビデオ・オン・デマンドの実現に備えたいと思っています。それこそが、私たちの会社名が、「DVD-by-Mail」ではなく「Netflix」になっている理由です[†2]。

映画を見るいちばん便利な手段に自分たちがなるためには、ユーザーの手にすばやくエンターテイメントを届ける方法を見つけなければいけない。Netflixはそれをよくわかっていました。2000年代の初頭、インターネットは急速に発展しつつあったものの、ストリーミングは現実的な選択肢ではありませんでした。当時、Napsterから音楽のアルバムをダウンロードするのにも一晩かかりました。DVDはそういったファイルの1000倍以上の大きさです。しかし2005年には、インターネットで実際にダウンロード可能になるところまで来ていました。この進歩を受けて、Netflixの将来に向けた全体的な戦略が決まりました[†3]。

†2 Reed Hastings, as told to Patrick J. Sauer, "How I Did It: Reed Hastings, Netflix," Inc. magazine, December 1, 2005. http://bit.ly/2ONZO9n.

†3 Gibson Biddle, "How to Run a Quarterly Product Strategy Meeting: A Board Meeting for Product," Medium, June 21, 2017. http://bit.ly/2z4Y4h7.

1. DVDで収益を上げる
2. ストリーミングを推進する
3. 世界展開

Netflixはすでにオンラインでのビデオ・オン・デマンド分野に参入していたので、それに関心を持っている人が多いと判断することができました。インターネットの高速化が進むにつれて、DVDを郵送で受け取る人よりも、オンデマンドでダウンロードする人が増えると予測していました。戦略の観点で見ても筋が通っています。便利なのも明らかです。それでも、このサービスは期待したほどは使われませんでした。なぜでしょうか？

一歩下がって顧客の視点から状況を見たところ、その時点でインターネットが使えるデバイスはノートPCやデスクトップPCだけであることにNetflixは気づきました。これだと、どんなときでも便利で楽しく映画を見られるわけではありません。もちろんそれができるときもありますが、いつでもエンターテイメントを楽しむのには向いていません。ほとんどの人たちは、家族や友人と一緒に大画面で見たいと思っています。これが、ストリーミング分野をリードするためにNetflixが取り組んだ問題でした。Netflixは加入者がどんなデバイスでも視聴できる方法を開発することにしました。

そこで、Netflixは、TVに接続する独自のインターネット接続デバイスの開発を決めました。それをグリフィンプロジェクトと呼んで[†4]、何年もかけてプロダクトを開発し、デバイスのテストと検証を行いました。誰もが興奮していました。しかし、2007年のリリース予定日の数日前、リード・ヘイスティングスは全社宛に生産の中止を伝えるメールを送りました。「捨てろ」　彼はそう言いました。

リリースの数日前に、かけた時間とお金を全部捨てたのです。なぜでしょうか？

ヘイスティングスは、ハードウェアデバイスをリリースしても、誰とも提携できないことに気づいたのです。つまり、ソフトウェアやエンターテイメントのビジネスではなくて、ハードウェアビジネスに携わることになります。これはNetflixの核となるビジョンには含まれていませんでした。そこで、プロジェクトが完了間近にも関わらず、彼は困難な決断を下してプロジェクトを中止することにしたのです。全体的な

---

†4　Austin Carr, “Inside Netflix’ s Project Griffin: The Forgotten History Of Roku Under Reed Hastings,” Fast Company. http://bit.ly/2Pnm2yA.

戦略と一致しないからです。

代わりに、Netflixはグリフィンプロジェクトを別会社としてスピンオフしました。それが今日のRokuです。それから、デバイスのアプリケーションを作れるパートナーを見つけることに目を向けました。Netflixはマイクロソフトに話を持ちかけ、半年後には100万台以上のXboxでNetflixが利用できるようになりました。こうして、多くのストリーミング顧客を獲得するという目標を達成したのです。

Netflixの話は優れた戦略の縮図です。こうしてオープンに話してくれたことで、私たちはそこから学習できます。しかし、この戦略フレームワークがあっても、Netflixはグリフィンプロジェクトと Rokuでビルドトラップにはまりました。いったいなぜでしょうか？ ヘイスティングスがニューヨーク・タイムズのインタビューで説明しているとおり[†5]、人は簡単に気が散ってしまうものなのです。

> ブロックバスターとの競争に勝ってからのことをふりかえると、それが私たちを混乱させたことに気づきました。競争の勝利自体は、私たちの役に立っていませんでしたし、私たちを傷つけることもありました。私たちが勝った理由は、日々の配送サービスを改善したからです。この体験こそが私たちの基礎になっています。核となるミッションに従って実行することこそが勝利への道です。

幸いなことに、Netflixは意外に早くこのことに気づきました。そして、戦略フレームワークと人を幸せにするというミッションに立ち戻ることで、ビルドトラップから抜け出すことができたのです。これによって、Netflixはこれまででいちばん成功したソフトウェア企業の1つになりました。Netflixはそれをどう実現したのでしょうか？

第1は、会社全体をしっかりしたビジョン[†6]に集中させたことです。ビジョンはマーケットの進化にあわせて、時間とともに進化していきました。現在のNetflixのビジョンは、「世界最高のグローバル・エンターテイメント配信サービスになること、世界中のエンターテイメントコンテンツのライセンスを提供すること、映画制作会社のためのマーケットを創出すること、世界中のコンテンツ制作者がグローバルで閲覧者を見つける手助けをすること」です。このビジョンでは、企業の存在理由だけで

---

†5 James B. Stewart, " Netflix Looks Back on Its Near-Death Spiral," The New York Times, April 26, 2013. https://nyti.ms/2JgiRmF.

†6 訳注：ミッションとビジョンの違いについては13章を参照

なく、そこに至る計画も示しています。これによって、チームが正しい方向に進むのです。

そして、Netflixは目標達成に向けて、主要なアウトカムと戦略を中心として自己組織化しました。2005年から2010年までNetflixのプロダクト担当VPを務めたギブソン・ビドルが、プロダクト戦略を評価するための共通ガイドラインをチームの中心に据えたことについて話しています。そのガイドラインは「顧客を喜ばせる。利益を多く稼げて、他社には真似のできないやり方で」というものです。彼は、このガイドラインを満たし、なおかつビジョンの実現の助けになるような目標を設定しました。そこには、パーソナライズ、エンターテイメントへの即時アクセス、使いやすさなどの主要なイニシアティブが含まれていました（**表Ⅲ-1**）。チームはこの目標を達成するための戦術を検討することができるようになり、それぞれの成功指標に対して説明責任を負うことになりました。

表Ⅲ-1　Netflixの戦略（2007、ギブソン・ビドル）

主要な戦略	戦術	指標
パーソナライズ	評価ウイザード、Netflixによる表彰	6週間で50タイトル以上に評価をつけた顧客の割合、RMSE
即時アクセス	ハブの拡張、ストリーミング	1日に複数ディスクを届けた割合、1か月に15分以上視聴した顧客の割合
高収益	直近の視聴内容、広告、プランと価格のテスト	グロスマージン、LTV
簡単	単純化と不要なものの削除、少しずつ表示	初日に3タイトル以上をキューに入れている顧客の割合

このようにビジョン、目標、主要なイニシアティブを組み合わせることで、Netflixが自分たちのプロダクトについて決断を下すシステムを作ることができました。これによってRokuをやめるような難しい決断も可能になったのです。Netflixでは自分たちが作っているソリューションではなく、そのソリューションが生み出すアウトカムにコミットしているため、戦術を変えたりアイデアをボツにしたりできるようになっています。そして一貫した意思決定を可能にするプロダクト戦略のもとで、この考え方を実践しているのです。

Netflixが使っているような戦略フレームワークの強力な点は、細かいことに目を向ける前に全体を考えるように仕向けてくれることです。ソフトウェアを開発していると、詳細ばかり考えて全体を無視してしまうことがよくあります。どんな機能を作れるか？ この機能をどう最適化できるか？ いつリリースできるか？ 企業がこういった機能レベルのことばかり考えていると、機能が生み出すべきアウトカムを見失ってしまいます。

これがビルドトラップの原因です。

10章では、企業ビジョンの全体像から、チームレベルの活動に至るまで、戦略の構成要素を取り上げます。適切なアウトカムを達成する上で、優れた戦略がどのようにプロダクトチームを集中させて足並みをそろえるのかを議論します。

10章
戦略とは何か？

月曜日の午後、私がコーチングしているあるチームが会議室に集まって、次の実験を計画していました。マーケットリーはユーザー獲得を増やす方法を模索していましたが、問題がありました。チームメンバーは、ユーザー登録を妨げているものが何なのかわからなかったのです。この会議はそれが何なのかを解明するためのものでした。

「ユーザー登録のファネルを見ると、ステップ3で離脱しているのがわかります。**なぜ**ここで離脱するのか、**原因**を正確につかむところから始める必要があります。それが今週の目標です。どうすればよいでしょうか？」　私はチームにそう質問しました。ちょうどそのとき、CTOが会議室に入ってきて席に座りました。

ある開発者が言いました。「この人たちに連絡する方法を考えなければいけないですね。たぶんこうすればできると思うんですけど……」

突然CTOが割り込んできてこう言いました。「プロダクト戦略がわからないんだけど、戦略は何？」

「どういうことでしょう？　問題の原因を突き止めれば、作るべきものが決められるんですが。目標ははっきりしていて、それを取り巻く問題を見つけたので、今それに対処しようとしているんです」　私はそう返しました。

「いや、戦略が必要なんだ。今週末までに、サイトのコンテンツ、必要なバックエンドを含め今後3か月で構築予定のものすべての仕様書を見たいんだ」　彼はそう言いました。

「なぜ作るのかわかってもいないのに、何を作るかなんて言えますか？　解決すべき問題がわからないと、適切なプロダクトがどんなものなのかわかりません」　私はそう言って押し返しました。

CTOが欲しかったのは戦略ではありません。欲しかったのは計画でした。

優れた戦略とは詳細な計画のことではありません。意思決定を助けるフレームワークが戦略です。ステークホルダーが望んでいる機能の一覧とそれをどうやって実現するかの詳細な情報で構成した文書のことをプロダクト戦略だと考える人がたくさんいます。その人たちは、**プラットフォーム**や**イノベーション**といったバズワードまみれです。

プロダクトが最終的にどうなるかを伝えるのが本質的に間違っているわけではありません。ビジョンに向かって努力すべきです。ですが、ビジョンや高尚な機能を何も検証せずに約束してしまうと危険です。戦略が何なのかを質問して、相手がTODOを復唱してきたら、さらにこう質問します。「**これ**が作るべき適切なものかどうかはどうやるとわかるんですか？」　この質問への直接的な回答が得られることはほとんどありません。もしくは「自分はわからないけど、上司にそれを作れと言われたんだ」という答えを聞くくらいです。

さらにレベルを上げて、なぜチームがそのプロダクトを作っているのかを質問すると、答えはとても興味深いものになります。マーケット調査や競合他社との機能比較を引き合いに出したり、ときにはCEOからの要望（という名の**命令**）だと答えたりするのです。もしくは、「大手のコンサルティング会社がそうしろとアドバイスしたから」という答えに遭遇することもあります。

コンサルティング会社に何百万ドル払ったとしても、提案された機能が作るべき適切なものであることを保証することはできません。実際の証拠を集める前に計画に固執してしまうチームは、顧客にとって重要ではない無駄な機能を作ることになります。

辞書では**戦略**を「主要もしくは全体的な目的を達成するように設計された行動計画」と定義しています。企業でも優れた戦略をこのように解釈しています。多くの企業で、翌年の「戦略計画」に何か月も費やし、達成すべきタスクや実現のコスト、そこから得られる収益などを網羅的かつ詳細に記述しています。ほとんどの場合、予算プロセスと結び付いていて、チームは、プロジェクトの予算を確保するために投資対効果の検討資料やスケジュールを提示するよう求められます。

戦略を計画として考えてしまうことで、ビルドトラップにはまるのです。私たちは新しい機能をリストに追加し続けますが、会社全体のコンテキストにおいてそれが適切な機能なのかどうかを評価するすべがありません。戦略立案や戦略展開の第一人者であるスティーブン・バンギーは戦略の概念について別の考えを持っています。彼は著書『The Art of Action』のなかで次のように書いています。

> 戦略とは実行可能な意思決定のフレームワークであり、現在のコンテキストとの整合性を保ちながら、現在の能力の制約のもとで、望ましいアウトカムを達成するための行動を可能にするものである。

優れた戦略は単なる機能の列挙ではなく、より高いレベルのビジョンや目標に焦点を当てるべきです。優れた戦略は組織を何年にもわたって維持できるものであるべきです。データやマーケットといった正当な理由もなく、戦略を毎月、毎年変更しているようであれば、それは戦略をフレームワークではなく計画として扱っていることになります。

11章 戦略のギャップ

スティーブン・バンギーが多くの企業の戦略を研究した結果、企業が戦略を計画として扱うと期待どおりにならないことがわかりました。この失敗は、アウトカム、計画、行動のあいだに存在する以下のギャップを埋めようとして取られた行動から生じます。これらのギャップは最終的に組織内の摩擦を引き起こします。

- 知識のギャップ
- アラインメントのギャップ
- 効果のギャップ

11.1 知識のギャップ

知識のギャップ（**図11-1**）とは、マネジメントが知りたいことと企業が実際に知っていることの差です。詳細な知識を要求したり提供したりすることで、組織はこのギャップを埋めようとします。

「ああ、くそー。それは自分だ」と言うリーダーは、あなた1人ではありません。私がこの考えをあるCEOに紹介したとき、彼の口から飛び出してきた言葉はまさにこれでした。この問題はギャップのなかでいちばんすぐに認識できるものです。

このギャップはマーケットリーのCTOにもありました。彼は、まだ検証が終わっていないプロダクトを隅々まで説明するように要求しました。そうすれば、自分たちが何をしようとしているのか確信を持てるようになるからと考えてのことです。ですが、情報が山のようにあっても、上層部の人たちにとっては必ずしも役に立ちません。意思決定を下すのに十分なだけの情報を伝えることに集中しなければいけません。

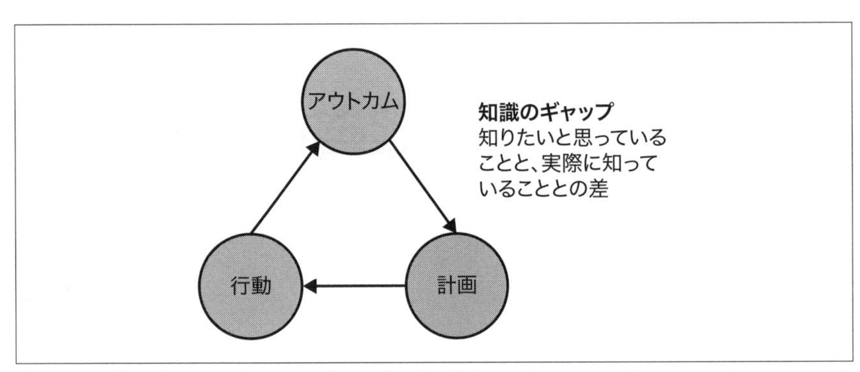

図11-1 知識のギャップ（スティーブン・バンギー著『Art of Action』より。Hodder & Stoughtonの許諾を得て引用）

上層部は詳細な情報を求めるのではなく、**戦略的意図**やビジネス上の目標を定義して伝えることを重視すべきです。戦略的意図を踏まえて、会社がどこに向かって進んでいくのか、そこにたどり着いたときに何を達成したいのかを伝えるのです。戦略的意図があることで、ビジネスが達成したいと思っているアウトカムにチームを導くのです。

マーケットリーでは、詳細な計画を立てるには不明な点が多すぎました。ユーザー登録のあるステップでなぜユーザーが脱落してしまうのかも理解できていませんでした。適切なソリューションを考える前に、なぜそれが起こっているのかを理解するほうが重要です。問題の解決**方法**を提案する前に、実験して、**なぜ**それが起こっているのかを理解する余地がなければいけなかったのです。

プロダクトマネージャーが次のように言っているとしましょう。「私がこれを作っているのは顧客数を増やすためです。顧客獲得は収益を上げるための大きな目標で、全社的に最優先になっています。私のプロダクトは人を集められます。問題があるのはわかっていますが、それが何なのかはまだわかりません。次にやるのは、問題を見つけて、ソリューションに取り組み、さらにそれを最適化することです。そうすれば顧客数は増えるはずです」　ストーリーを伝えるというのはこういうことです。プロダクトマネージャーがストーリーを語ることで、チームは自信を持って進められるようになります。残念なことに、逆の状況のほうが多いのが実情です。

リーダーたちの情報の要求は階層を経るごとに詳細なものになっていきます。多くの場合、これは信頼の欠如と捉えられますが、それだけではありません。私が見た限り、リーダーがこのようなやり方をしている組織には続きがあります。通常、アラインメントを欠いていて、チームの目標と全社的なビジョンや戦略が一致しません。このアラインメントのギャップこそが詳細な情報を要求する本当の理由です。

11.2 アラインメントのギャップ

図11-2に示すアラインメントのギャップとは、現場の人がしていることと、ビジネス目標を達成するためにマネジメントが現場にやってほしいと思っていることの差です。組織は詳細に指示することでこのギャップを埋めようとします。ですが、むしろ、上位が示した意図をどう実現するかは、現場に任せるべきなのです。

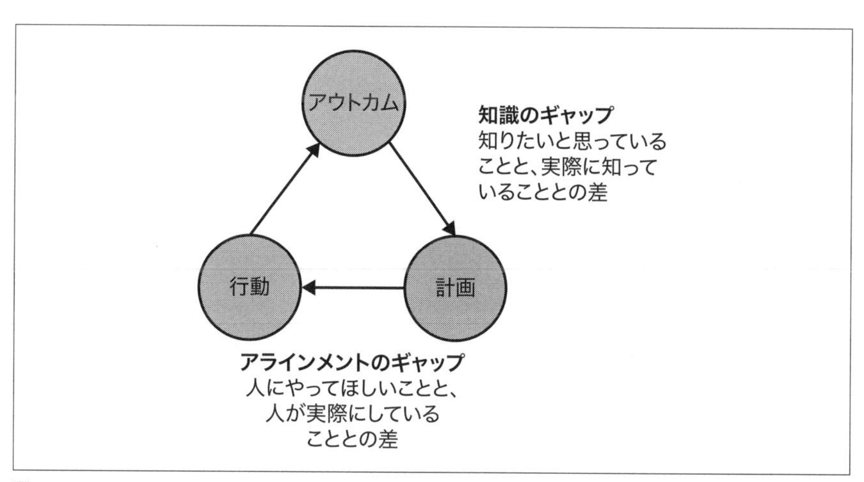

図11-2 アラインメントのギャップ（スティーブン・バンギー著『Art of Action』より。Hodder & Stoughtonの許諾を得て引用）

私はある会社で、100チームほどのプロダクトマネージャーに、なぜ現在のプロジェクトをやっているのか聞いて回ったことがあります。そして同じ質問をリーダーにもしました。結果として、立場によって異なる回答を得ました。この会社でチームの活動を会社のアウトカムに結び付けられなかったのは、リーダーたちが、期待するアウトカムや目標ではなく機能の要求を伝えていたからです。機能が約束になって、リリースが当たり前のものとして扱われ、途中で変更することはほとんど不可能だったのです。

多くの会社でこれと同じ光景を見てきましたが、いつも思い出す例が1つあります。私はとても大きくて歴史のある会社（B社と呼ぶことにします）で、プロダクトマネージャーのトレーニングをしていました。そこで言われたのは、チームが構築しているソリューションはすでに会社のリーダーシップに約束してしまっているので、プロダクトの検証はできないというものでした。なぜでしょう？　B社は大きなコンサルティング会社に依頼して、この先5年分のプロダクトロードマップを決めようとしていました。コンサルタントはマーケット調査や競合分析に心血を注ぎ、ロードマップを作りました。それがチームに伝わっていきました。

一方でチームは顧客と会話を続け、コンサルタントが考えたソリューションは顧客が欲しがっているものではないことをわかっていました。しかし、彼らの業績評価はそのプロダクトを届けることに主眼が置かれていました。顧客にとって適切なことをしたいと思っていても、仕事を失うのを恐れてできませんでした。そうして、間違ったものと知りながら、そのまま作ってしまったのです。年末の時点で、B社はすべての目標が未達に終わりました。そして、ロードマップに従ってリリースしたにも関わらずチームは罰を受けたのです。

コンサルタントが提案したソリューションを顧客が望んでいないことをチームが把握した時点で、チームが代替オプションを自由に検討できるようにしておくべきです。これがプロダクト主導組織でのやり方であり、ビルドトラップにはまらないようにする方法なのです。そうせずに所定の会議や形式にこだわってしまうと、黙っていなければいけなくなってしまいます。プロダクトチームは、ソリューションを検討し、手に入れたデータに応じて自分たちの行動を調整する自由を持たなければいけません。全体の戦略的意図や企業のビジョンに沿っている限り、マネジメントは安心して有能なチームに必要な自律性を与えるべきなのです。

命令を上から下に流していくのではなく、それぞれの階層で**なぜ**それが必要なのかの認識をそろえて、**どうやって**それを実現するのかは下の階層に任せて報告をしてもらうようにすべきです。このようにすれば、プロダクトマネジメントはうまくいきます。最上位のリーダーたちの足並みがそろっていなければ、問題はチームにまで波及します。無意味なことが多くなり、発散してしまい、年末に目標と照らしあわせて「何が起こったんだ？」と聞くことになるでしょう。リーダーの足並みがそろっていないのは、プロダクトマネジメントを成功させる上で最大の問題なのです。

11.3 効果のギャップ

効果のギャップ（**図11-3**）とは私たちの行動によって達成を期待することと、実際に起こることとの差のことです。組織が期待した結果を得られない場合、コントロールを増やすことでこのギャップを埋めようとします。ですが、これは最悪です。目標に沿っている限り、個人やチームが自由に行動を調整できるようにしましょう。そうすれば本当の成果を上げることができます。

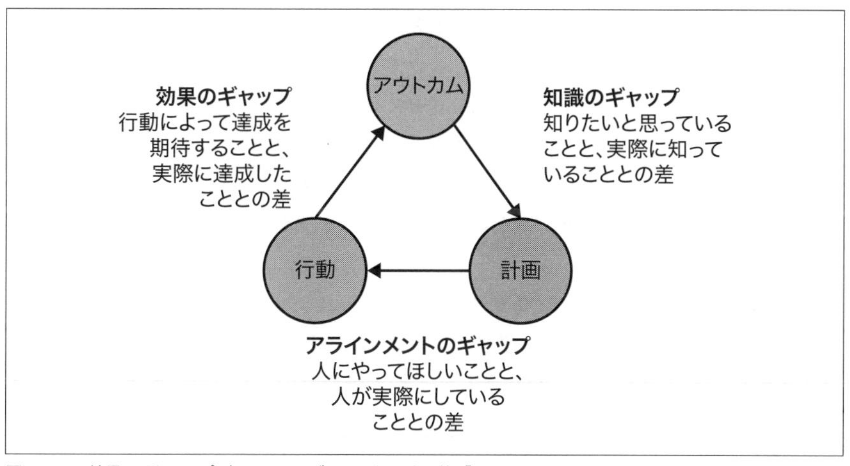

図11-3　効果のギャップ（スティーブン・バンギー著『Art of Action』より。Hodder & Stoughtonの許諾を得て引用）

見当違いの反応はどんどん積み重なっていきます。マネジメントは、チームが目標のフレームワークに沿って同じ方向に進むようにして、目標に到達する方法を探す余地を与えるのではなく、まったく反対のことをしてしまうのが普通です。さらに多くの情報を求め、マネジメントが来年やりたいことにコミットしてくれるのを期待してしまいます。このやり方だと、あらかじめソリューションを考え抜いて決めてしまっています。プロダクトチームは学習や方向性の調整ができず、ソリューションのなかのパラメーターをいじることしかできません。

こうしたさまざまなギャップを解決して顧客に素晴らしいプロダクトを届けるには、戦略を別の角度から捉えて、バンギーが言うように成果を上げるための行動を可能にしなければいけません。しかし、なぜ戦略が行動を可能にするものであることを気にするのでしょうか？　それは、自律的なチームが自分たちで行動できるようにすることこそが、組織をスケールする方法だからです。

11.4　自律的なチーム

マーケットリーでは、プロダクトマネージャーは自律性が与えられていないことにとても苛立っていました。経験豊富なプロダクトマネージャーの1人は言いました。「プロダクトビジョンを自分で決めたいと言い続けていますが、許可されていません。マネージャーは私にソリューションを渡し続けます。何か別のことを提案するたびに拒否されます。スクラムを始めたとき、スクラムチームは自律的であるべきと言われました。現状はまったく自律的ではありません」

マーケットリーのリーダーたちからは別の話を聞きました。「うちの会社のプロダクトマネージャーは、一歩進んでプロダクトを自分のものにしようとしない。そのせいで、細かい指示をしないといけないんだ。彼らが率先してやらないせいだ」

これは興味深い対立ですが、ビルドトラップにはまっている会社ではよく見られるものです。これらはすべて、行動を可能にする優れた戦略フレームワークがないという証拠です。チームが明確な方向性や目標に沿っていなければ、効果的な意思決定はできません。それでもあえてやろうとすると、多くの場合リーダーが割り込んできて、「違う、そうじゃない」と言うことになります。

自律性は組織のスケールを可能にします。ほかの案として、何百人、何千人もの中間管理職を雇って、権威にもとづいて何をすべきか指示するやり方があります。組織が数千人、場合によっては数万人の従業員を抱えるようになると、このやり方はとんでもなく非効率でコストがかかるものになります。さらには、マネジメントの不要な階層が増えて、多くのフラストレーションを生み出します。みんなが不幸になるのです。不幸な人たちが素晴らしいものを生み出すことはめったにありません。

権威によってリードするやり方は産業化時代のものです。技能が未熟な労働者たちは、アウトプットが最大になるように綿密に監督されていました。ですが、ソフトウェアの時代において、このような働き方をすることはありません。信じられないほど優秀な人材を採用し、何十万ドルものお金を払っています。彼らは、顧客が愛する複雑なソフトウェアを作って会社を成長させるための方法を自分たちで決める能力を持っているのです。そのような人材がいるなら、あなたがやるべきなのは決断を下す余地を与えることです。そうすれば、彼らの知識やスキルから最大限のものが得られるようになります。

これが戦略フレームワークの力です。一貫していて、優れた戦略フレームワークがあれば、マネジメントの監視などなくても意思決定が可能になるのです。

12章
良い戦略フレームワークを作る

マーケットリーに戻ると、プロダクトチームの立ち上げに大きな進展がありました。CEOがジェンという優秀な最高プロダクト責任者を採用していたのです。ジェンは開発者向けのeラーニングの会社から移ってきました。その会社はプラットフォームの拡大に成功し、IPOでイグジットを果たしていました。

私はジェンがチームに加わるのを楽しみにしていました。彼女は前の会社で戦略策定を主導していて、そこでの知識をすべて持ち込んでくれると思ったからです。最初の1週間で、彼女は私が目にしたのと同じ問題に気づき始めました。

「組織のプロダクトマネージャー全員に会って、なぜ今その仕事に取り組んでいるのかを聞いてみました。誰も答えられませんでした」　彼女はそう言いました。「目標もなく、方向性も決まっていません。顧客の要望に従って、受け身で作っているだけです」

ジェンは続けました。「それから、リーダーシップチームの人たちに、会社としてすべきいちばん重要なことは何なのかを聞いてみました。するとみんな違う答えでした。私たちの戦略がなんなのか、会社はどうなりたいのかが一致していないのは明らかでした」

彼女はたった1週間で核心をついたのです。マーケットリーは受け身のままでした。顧客の要望や契約にもとづいて大きなプロジェクトの優先順位を決めていました。プロダクトをどうやって成長させるかを戦略的に考えてはいなかったのです。

幸いなことに、マーケットリーのリーダーシップチームは、より強力な組織になるためにその指摘を受け入れました。「自分たちはマーケットをリードしたいんだ。他社に追随するような真似はしたくない」　CEOのクリスはそう言いました。彼は当初、問題は開発チームにあると考えていました。「開発チームはスピードが遅くて怠けている」　そう思っていたのです。クリスはOKR（Objectives and Key Results：目標と主要な結果）の大ファンで、会社全体にOKRを導入していました。しかし、それらはアウトカムにもとづくものではなく、アウトプットにもとづくものになっていました。「講師向けの新しいプラットフォームの最初のバージョンをリリースする」といった目標が書かれていました。そして、主要な結果は「2018年6月までにリリース」となっていたのです。これはビジネスやユーザーから見たアウトカムとは紐付いていません。

私たちは会社の現在の戦略プロセスと、そこからどのように現在の目標になったのかをふりかえりました。11月の次年度計画会議の際に、みんなが構築する機能のリストを持ってきて、それをプロダクトマネージャーに渡していました。プロダクトマネージャーはその機能を完成させるのに必要な時間を開発担当者と一緒に見積もる責任がありました。見積りができたらリーダーシップチームに報告します。それを受けて、予算を計画したりロードマップを決めたりします。

リーダーシップのレベルでも同じように目標が設定されていました。エンタープライズへの参入を踏まえて投資家に約束した収益目標がその1つです。ほかには、ユーザーがサイトを使い続けているかを計測するために、利用指標も設定されていました。組織のあちこちで何かを計測していたにも関わらず、過去数年間目標を達成したことはありませんでした。収益目標も達成できていませんでした。約束した機能を開発チームがリリースできなかったこともありました。何があったのでしょうか？

マーケットリーの戦略は、作り方も展開の仕方も適切ではありませんでした。最初の1週間でジェンが取り上げたことすべてがその証拠でした。リーダーシップは仕事の優先順位を顧客からのフィードバックではなく、自分たちが適切だと思うことにもとづいて決めていました。顧客の要求が戦略目標に合致しているかを評価するのではなく、いちばん声の大きい顧客に対応するようになっていました。会社の士気は下がり、そのため従業員の生み出すものが減っていったのです。

それで、マーケットリーは変わることを決断しました。最新のプロダクトマネジメント手法にあう戦略を作って展開することにしたのです。

優れた企業戦略は2つの要素から構成されます。1つは運営フレームワークで、日々の企業活動を進めていくためのものです。もう1つが戦略フレームワークで、プロダクトやサービス開発を通じて、企業のビジョンを実現していくためのものです。多くの企業がこの2つのフレームワークを混同して、1つのものとして扱っています。両方とも重要ですが、素晴らしいプロダクトやサービスを作るには適切な戦略フレームワークが必要不可欠です。これはプロダクトマネジメントに直接影響を及ぼしますが、詳細は次の章で説明します。

この戦略フレームワークによって企業のビジョンや戦略とチームが作るプロダクトの整合性が取れるようになります。戦略フレームワークに沿った強力な企業ビジョンとプロダクトビジョンがあることで、目が回るような計画や実行を避けるのに役立ちます。毎年新しいビジョンや戦略の策定に追われている企業は、短期的にものごとを考えすぎていて、将来の計画が不十分なのです。

あなたは気づいているかもしれません。毎年同じ話が繰り返されるのです。11月になると会社はパニックに陥り、首を切られた鶏のように走り回り、翌年のことを予測しようとします。収益、株主への約束、予算がすべて設定されます。構築する機能のリストが詳細なガントチャートのなかに積み上がります。そして1月になると、それに取りかかります。1年かけて取り組んで、恣意的に決めた期限である年末が来ると、その戦略を終わりにします。これを毎年繰り返していて、長期的なプロジェクトや戦略に取り組む余地はどこにもありません。

予算編成や戦略、プロダクト開発をこの人為的な年間サイクルにあわせようとしても、焦点の欠如を生み、最後までやりきれなくなるだけです。代わりに、自分たちがどこにいるのか、どこで行動を起こすべきなのかを継続的に評価して、その決定に資金を投下しなければいけません。

あなたの仕事のなかで、実際には**賭け**になっている部分について考えてみてください。Spotifyのコンサルティングをしていたヘンリック・クニベルグによると、Spotifyでは「賭け」が思考の中心にあるそうです[†1]。Spotifyは、Data（データ）、Insight（インサイト）、Belief（信条）、Bet（賭け）の頭文字を取ったDIBBと呼ばれるものを使って運営しています。最初の3つは「賭け」の部分の仕事に影響を与えます。イニシアティブを賭けと考えることで、別の形の期待を設定するようになります。

Spotifyでは、必ずこれを作るべきだと上層部が決めることはありません。そうすることでイノベーションを維持しています。マネージャーは、ハッカソンに参加したり、アイデアを実行したりする自由を従業員に与えています。新しいことを試して失敗できる安全な環境を作っているのです。上層部は顧客が求めているものに不確実性があることを喜んで受け入れていて、そうすることで、実験とイノベーションを加速し、必要であればすぐに軌道修正できるような環境を作ります。

†1 Henrik Kniberg, "Spotify Rhythm," talk at Agile Sverige, June 2016. http://bit.ly/2qhTPL9.

組織のなかで戦略がうまく伝われば、プロダクト開発とプロダクトマネジメントは同期するようになります。企業戦略を踏まえてプロダクト開発チームの行動が決まり、それによって生まれたプロダクトやデータに関する作業を実行することで、会社の方向性が明らかになります。これは組織全体で循環すべきプロセスであり、アラインメントと理解を確実なものとするためには、情報は組織の上下左右に伝わらなければいけません。

12.1　戦略展開

戦略とは、組織全体で語られるストーリーを相互に結び付け、特定の時間枠における目的とアウトカムを説明するものです。私たちは、ストーリーを伝えて足並みをそろえる行為のことを**戦略展開**と呼んでいます。

コンサルティング会社であるPraxisFlowの創業者ジェイブ・ブルームは、大規模な組織で幹部と協力して戦略策定と戦略展開に取り組んでいます。彼は、なぜさまざまなレベルの戦略を時間軸の異なるストーリーとして考えるべきなのか、その理由を説明しています。

> 組織のさまざまなレベルで、自分たちの仕事やそれをしている理由について時間軸の異なるストーリーを話します。自分が耳にしたストーリーにもとづいて行動できるようにするには、慣れている時間軸と大きくかけ離れたストーリーであってはいけません。アジャイルチームであれば2〜4週間のストーリーはとても得意です。日々自分たちが扱っているものと同じだからです。組織の階層の上に行くと、もうちょっと長い時間軸のストーリーを話すことになります。幹部であれば5年のストーリーを話すのが本当に得意です。しかし、2〜4週間で考えるのに慣れているチームは5年のストーリーにもとづいて行動することはできません。探索の余地がありすぎるからです。

戦略展開とは、組織全体を通じて適切なレベルの目標を設定し、チームが行動できるように活動範囲を狭めることです。そのため、幹部が5年の戦略を検討する一方で、ミドルマネジメントは1年とか四半期といった短い期間の戦略を検討し、チームは週単位や月単位で意思決定するように限定します。

チームに十分な制約がないと、行き詰まることになります。彼は次のように説明しています。

> 制約のないチームは、組織内で行動するのをいちばん恐れます。選択肢が多すぎて何も決められないと感じてしまうのです。適度な制約があるチームでは、適切なレベルで方向性が設定されているので、安心して意思決定できると感じられます。自分たちのストーリーが組織の目標や構造に合致しているかどうかがわかるからです。

適切な方向づけがないとビルドトラップにはまります。チームが受ける指示はとても細かいものになるか、幅広いものになるのかのどちらかです。幹部が権威で管理して自律を認めないのはやりすぎです。あるいは、ブルームが説明したように、チームは行動できないほどの自由を与えられている可能性もあります。これが、プロダクト開発の観点で戦略展開が重要な理由です。

組織間での戦略展開の例はたくさんあります。グーグルで使われているOKRは戦略展開の一種です。「方針管理」はトヨタで使われている戦略展開手法です。軍でも、戦略展開をミッションコマンドで実施しています。これらはすべて同じ前提にもとづいています。組織の各階層の方向性を設定することで、行動できるようになるという考えです。組織にとって適切なフレームワークを選ぶのはとても重要ですが、優れた戦略フレームワークとは何なのかを理解することはさらに重要です。

ほとんどのプロダクト組織で、4つのレベルの戦略展開が必要になります（**図12-1**）。

- ビジョン
- 戦略的意図
- プロダクトイニシアティブ
- オプション

最初の2つは企業レベルで、残りの2つは会社の特定のプロダクトやサービスのレベルです。戦略展開と戦略策定は別物です。それぞれがどうあるべきかを定義し、プロダクトラインやチームを越えて調整し、上下にそれを伝えていくという作業には多大な労力が必要です。

戦略展開		
ビジョン	5〜10年でどうなりたいか、顧客にとっての価値、マーケットでのポジション、ビジネスがどうなっているか	CEO / シニアリーダーシップ
戦略的意図	ビジョンを実現する上で立ちはだかっているビジネス上の**課題**は何か	シニアリーダーシップ / ビジネスリード
プロダクトイニシアティブ	プロダクトの観点で課題に取り組むには、どんな**問題**を扱えばよいか	プロダクトリーダーシップチーム
オプション	問題を解決して目標を達成する別の**方法**はないか	プロダクト開発チーム

図12-1　戦略展開のレベル

12.2　戦略策定

戦略策定とは、企業がどの方向に行動すべきかを判断するプロセスであり、意思決定のためのフレームワークを開発するプロセスです。戦略はそれぞれのレベルで作成され、組織全体に展開されます。

まだ戦略がないのであれば、戦略策定は1日や1週間で終わるようなプロセスではないことを強調したいと思います。多くの企業で、戦略策定を短い時間に押し込んで実行しようとして失敗しました。戦略は策定して維持するのに時間も集中も必要とします。戦略のあらゆるレベルで問題を特定し、それを解決するために組織をどう構成するのかを決めなければいけません。あなたがCxOの立場なのであれば、これを適切に行うことが最優先事項です。さもないと何百、何千もの従業員を失敗させることになってしまいます。

戦略とは、組織を現在の場所からどう動かしてビジョンに到達するかです。戦略策定のためには、最初にビジョンやどこに行きたいのかを理解しなければいけません。そうすれば、そこに到達するまでに立ちはだかる問題や障害を特定して、対処のための実験ができます。ビジョンに到達するまでこれを繰り返すのです。

これは**カイゼンのカタ**と呼ばれるトヨタで実践されている継続的改善の基本で、トヨタの戦略決定にも役立ちました。カタが、目標を達成する上での問題に戦略的に取り組む方法を示してくれるのです。マイク・ローザーは、彼の著書『Toyota Kata

Practice Guide』のなかで、このプロセスがどう機能するかを説明しています。その抜粋を**図12-2**に示します。

図12-2 カイゼンのカタの4段階（マイク・ローザー著『Toyota Kata Practice Guide』から許諾を得て引用）

このPDCAサイクルのなかで、チームは目標とする状況や次の目標を達成する上で立ちはだかる障害を体系的に特定し、それに対処する方法を計画し、その計画がうまくいったかどうかを確認するために実験します。それから進ちょくをふりかえって(チェック)、次のラウンドではそれに応じた行動を取ります。

プロダクト開発でも同じアプローチが使えますが、状況にあわせてカスタマイズする必要があります。私はこれを**プロダクトのカタ**と呼んでいます（**図12-3**)。

方向性を理解するには、どのレベルから始めるかに応じて、ビジョン、戦略的意図、プロダクトイニシアティブのいずれかに目を向けます。現在の状態は、ビジョンに対する自分の立ち位置と関係があります。また、現在のアウトカムの状況やその計測結果の影響も受けます。

オプションの目標は、チームから見ると次のレベルの目標です。これらはイニシアティブや意図を達成するために成し遂げなければいけないアウトカムです。そして、目標を達成するために体系的に問題に取り組みつつ実験をするというプロダクトプロセスを実行します。プロダクトマネジメントプロセスについては**第Ⅳ部**で詳しく説明します。

問題を調査して特定するというこの活動を通じて、戦略とビジョンを伝えるのに必

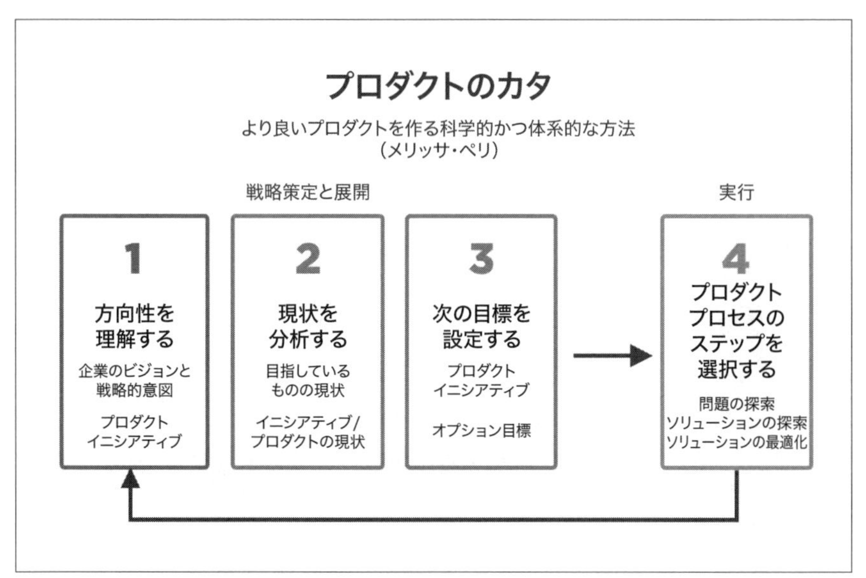

図12-3 メリッサ・ペリによるプロダクトのカタ

要なデータを明らかにします。ビジョンはマネジメントがトップダウンで決めるだけのものではありません。何をすれば目標に到達するかを学習したり、戦略を伝えたりするために、組織全体で情報を共有すべきです。ブルームはこれを情報物理学と呼んでいます。

> 幹部から聞く最大の問題の1つは、意思決定に必要なデータがないことです。幹部はビジョンを作るよう求められますが、組織のビジョン達成を可能にする戦略的決定の助けになるような情報が常に周りにあるわけではないのです。チームがそこにあって、分析やテストや学習を行い、そこで発見したことを同僚やマネジメントチームに伝えます。これが戦略の立て方です。

データと方向性を組織の上下や全体に伝えるこのプロセスこそが、アラインメントを維持する方法です。まずは企業レベルからこれを始めなければいけません。

13章 企業レベルでのビジョンと戦略的意図

13.1 企業のビジョン

企業ビジョンは戦略アーキテクチャーの要です。方向を設定し、それに従うすべてのものに意味を与えます。強力な企業ビジョンを持つことで、プロダクトについて考えるためのフレームワークが得られます。

アマゾンは優れたビジョンと戦略を持つ企業の一例であり、このビジョンと戦略の双方がプロダクトをうまく支えています。アマゾンはウェブサイトで、同社のビジョンは「地球上で最もお客様を大切にする企業であること、お客様がオンラインで求めるあらゆるものを探して発掘し、できる限り低価格でご提供するよう努めること」[†1]と述べています。

アマゾンはプライム・ビデオからからフルフィルメント by Amazon（FBA）に至るまで、さまざまなプロダクトラインで構成されています。それぞれのプロダクトは、買い物をする人たちにより良い体験を提供することで、アマゾンの全体的なビジョンを達成するのに役立っています。全体的なビジョンに目を向けることで、テストや開発を行ってプロダクトを成長させる担当者は、何を追求すべきか、何を追求すべきでないかを効果的に判断できるのです。

Rokuのような単一プロダクトの企業であれば、これは容易です。企業のビジョンはプロダクトのビジョンと同じとまではいかなくても、非常によく似ているからです。一方で、バンク・オブ・アメリカのような大企業の場合は複雑です。戦略は、企業レベルで検討を開始し、ビジネスラインを通って、最終的にプロダクトに到達する

†1　訳注：https://www.amazon.jobs/jp/working/working-amazon

必要があります。このような企業では、プロダクトは企業ビジョンがどのように表現されているかの詳細にすぎません。プロダクトは価値のための手段です。顧客に何かを売り、その見返りに何らかの形で価値を得るのです。ここでの企業ビジョンは、あなたが提供するすべてのプロダクトとサービスに意味を与える包装紙のようなものです。

「ミッションとビジョンの違いは何か？」と思うかもしれません。良い**ミッション**は企業の存在理由を説明します。一方で**ビジョン**は、その目的にもとづいてどこに向かっていくのかを説明するものです。ミッションとビジョンを1つに統合して、企業の価値提案につなげるのが最善です。つまり、企業が何をするのか、なぜそれをするのか、それでどうやって勝つのかをまとめるのです。以下に、いくつか説得力のあるビジョンステートメントを紹介します。

> 社会的責任を持つ企業の模範でありながら、デザイナーアイウェアを革新的な価格で提供する。
>
> **ワービー・パーカー**

> バンク・オブ・アメリカの共通の目的は、顧客や地域社会と成功に必要な資源を結び付けることで、金融生活の向上に貢献することです。
>
> **バンク・オブ・アメリカ**

> 世界最高のグローバル・エンターテイメント配信サービスになること、世界中のエンターテイメントコンテンツのライセンスを提供すること、映画制作会社のためのマーケットを創出すること、世界中のコンテンツ制作者がグローバルで閲覧者を見つける手助けをすること。
>
> **Netflix**

これらのビジョンステートメントはすべて、企業に焦点を与えてくれます。短くて記憶に残る形で明確に表現されていて、曖昧な用語も含まれていません。

多くの企業は、「オンライン写真ストレージ分野のリーダーになる」というようなビジョンステートメントを掲げます。この実現に向かって努力するのは価値があることですが、これだと会社のほかのメンバーはどうやるのか、なぜやるのかを質問してくるでしょう。つまり、幅が広すぎるのです。ここで**やり方**を過剰に規定したいわけではありませんが、集中すべきところが明らかになるように焦点を定める必要があります。

Netflixを見てみましょう。Netflixは世界最高のグローバル・エンターテイメント配信サービスになりたいと言っています。そこで、Netflixがそうなるために何をしようとしているのかに焦点を当てました。それが、世界中のコンテンツのライセンス提供、マーケットの創出、コンテンツ制作者への支援です。トップになりたいとかマーケットリーダーになりたいと思うのは構いませんが、その方法についてコンテキストを設定しなければいけません。

ビジョンがはっきりしていない場合は、ビジョンステートメントだけでは不十分です。企業のリーダーは、ビジョンを伝え、選択を説明し、将来像を描くために時間を使わなければいけません。これは、そのためには非常に詳細な情報を得る必要があるという意味ではありません。あなたがストーリーを話す必要があるという意味です。ストーリーを話すことで、単純なビジョンステートメントで全員が思い出せるようになるのです。

マーケットリーに話を戻すと、同社にはすでに説得力のある明確なビジョンがありました。「デジタルマーケティングのプロフェッショナルを育成するために、短期間で学習効果を最大化するように設計された魅力的な方法で、幅広いトピックに関する高品質のトレーニングにアクセスできるようにする」というものです。

これは会社の存在理由と、目的の達成のために何をするか説明しています。マーケットリーの経営陣は、チームを支えるビジョンステートメントを作るという素晴らしい仕事をしたのです。ビジョンは明確ですが、難しいのはそれを会社の業務に結び付けることです。ここで、企業のリーダーは**戦略的意図**を明確にする必要があります。簡潔でアウトカム重視の目標があることで、企業はどうビジョンを達成するかという点に焦点を当てられるようになります。

13.2 戦略的意図

ビジョンは長期にわたって安定しているべきですが、企業の成熟と発展に伴ってビジョンに到達するための方法は変化します。戦略的意図は、ビジョンの実現につながる現時点での重点分野を伝えます。戦略的意図の達成には、通常1年から数年かかります。

戦略的意図は常に現在のビジネス状況に沿ったものになります。戦略的意図を決めるときは、企業のCxOの人たちは「現在の状況を踏まえて、ビジョンを実現するために自分たちができるいちばん重要なことは何か？」と問う必要があります。これは願望や目標の長いリストであってはいけません。大きく飛躍するために現実のものとしたい少数の重要なことだけにします。戦略的意図のリストを小さく保つことで、全員が集中できるようになります。

多くの企業がそうであるように、マーケットリーもここで苦労しました。毎年、翌年にやりたいことを話し合うために、年次計画サイクルに入ります。これは通常、シニアリーダーシップとのミーティングで、VPかそれ以上の人たちだけが参加します。その際、参加者は機能のリストを持ち込みます。たとえば昨年のリストには、他人と講座を共有する機能、紹介コード、新しいクイズ機能、サイト全体のリーダー向けダッシュボードが含まれていました。こういったアイデアは通常シニアリーダーシップチームが考えて、実際に手を動かすプロダクトチームに引き渡されます。

これらは悪いアイデアではありませんが、CxOの人たち考慮すべき機能のレベルよりもはるかに細かいものでした。リーダーシップはソリューションをチームに押し付けるのではなく、戦略的意図を作り出すことに集中すべきでした。そうすれば、プロダクトレベルの意思決定をビジネスの目標と一致させて、会社が1つの方向に進むのに役立つはずでした。しかし、彼らはピーナッツバターを塗るようにしてしまいました。1つの方向に集中するのではなく、さまざまな領域に薄く手をつけてしまったのです。

私はマーケットリーのリーダーのために戦略セッションを開催し、リーダーたちが本当に望む方向性をそろえました。戦略的意図の設定方法を理解するには、まずビジネス価値の本当の意味を理解する必要がありました。ビジネスとプロダクトのコンサルタントであり、遅延コストの専門家であるジョシュア・アーノルドは、ビジネス価値について考えるための**図13-1**のような優れたモデル[†2]を提唱しています。

組織が戦略的意図を考えるときは、組織の各部門がそれにどう貢献できるのかを考えるべきです。成長中の企業では、収益の増大が最大のテーマになるでしょう。ですが、大企業の場合は、企業におけるさまざまな観点でイニシアティブを評価する必要があります。

マーケットリーは収益の増大に注力していました。戦略的意図のほとんどが収益増加のカテゴリに属していました。というのも、IPOのために収益を5000万ドルから1

†2 http://bit.ly/2OONGoC

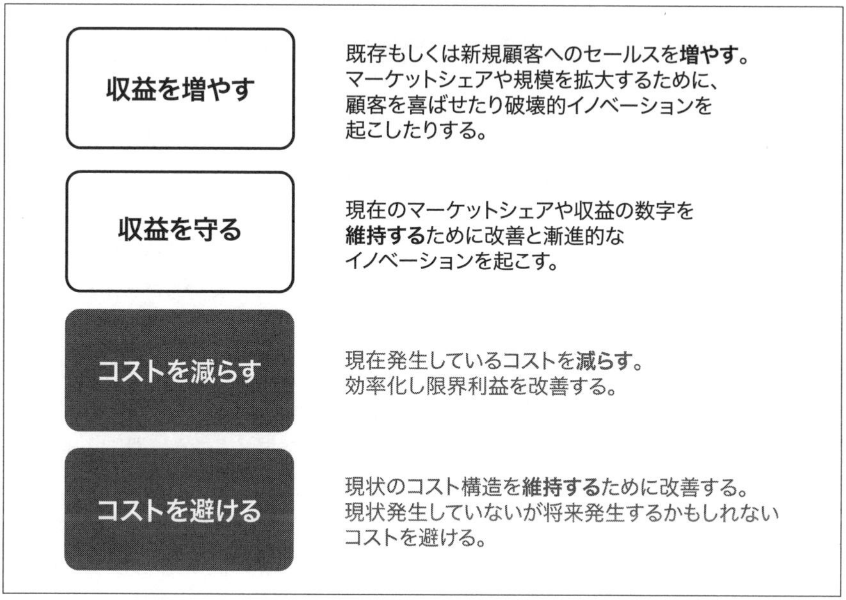

収益を増やす

既存もしくは新規顧客へのセールスを**増やす。**
マーケットシェアや規模を拡大するために、
顧客を喜ばせたり破壊的イノベーションを
起こしたりする。

収益を守る

現在のマーケットシェアや収益の数字を
維持するために改善と漸進的な
イノベーションを起こす。

コストを減らす

現在発生しているコストを**減らす。**
効率化し限界利益を改善する。

コストを避ける

現状のコスト構造を**維持する**ために改善する。
現状発生していないが将来発生するかもしれない
コストを避ける。

図13-1 ジョシュア・アーノルドによる価値検討フレームワーク（本人の許諾を得て引用）

億5000万ドルへと急成長させる必要があったからです。これは投資家が求めているリターンでもありました。マーケットリーは、現在取り組んでいることや、収益増加に集中することでどれだけ数字が増えそうかを分析しました。

マーケットリーは、収益を必要な数字まで伸ばすためには、アップマーケットの拡大、大企業への販売に注力すべきと判断しました。現状はまだ収益の一部にすぎない部分を重視したのです。これによって、マーケットリーはライセンスをまとめて販売できるようになり、すでにマーケットリーを利用している少数の大企業が毎年契約を更新することで、大きな収益を確保しつつ顧客のリテンションが可能になります。また、売上目標を達成するには、個人ユーザーからの収益も同じように増やす必要があることに気づきました。その観点では、顧客獲得率は芳しいものではありませんでした。マネジメントはこの2つを戦略的意図として設定し、**表13-1**に示すように適切な売上目標と関連付けました。

適切な数の戦略的意図を適切なレベルで設定することはとても重要です。マーケットリーが以前に理解したように、ハイレベルな目標が多すぎると、薄く塗ったピー

表13-1 マーケットリーの戦略的意図

意図	目標
エンタープライズビジネスの拡大	3年以内に、年間収益を現在の500万ドルから6000万ドルにする
個人ユーザーからの収益の倍増	個人ユーザーの収益における年次成長率を15%から30%にする

ナッツバターのように、すべてが手薄になってしまいます。かつて私は従業員5000人の会社で、戦略的意図が80個も設定されていたのを見たことがあります。5000人もいるにも関わらず、四半期にたった1つの機能しかリリースできませんでした。全員が散漫になっていて、同時に多くのことに取り組みすぎていたからです。通常、小さな企業では戦略的意図は1つが適切です。大企業の場合は3つが適切です。そう、3つです。数千人もの従業員がいる組織では、目標が少なすぎるように聞こえますが、これこそが肝です。もちろん内容のレベルや時間軸も重要です。

戦略的意図はハイレベルなもので、ビジネスに焦点を当てるべきです。新たなマーケットへの参入、新たな収益源の創出、特定の分野の収益倍増といったものです。**第Ⅲ部**の冒頭で紹介したNetflixの例を思い出してください。Netflixには「ストリーミングをリードする」という明快な戦略的意図がありました。インターネット接続のデバイスを用意するところから、ユーザーのためにさらに多くのコンテンツを制作するところまで、すべての意思決定が目標達成の役に立ちました。戦略的意図が正しい方向へと導いたのです。目標が達成されると、Netflixは独自コンテンツを制作することで、そのポジションを揺るぎないものにするという方向性に変更しました。これも戦略的意図です。これらは小さな目標ではありません。プロダクト開発からマーケティング、コンテンツ制作まで統制が取れていなければいけません。それがポイントです。戦略的意図はプロダクトソリューションだけなく、企業全体に関するものなのです。

マーケットリーは、目標を達成するために成し遂げるべき2つの事項を中心に据えて、足並みをそろえました。**図13-2**はそれをまとめたものです。

マーケットリーの幹部は2か月間、隔週で集まって作業を進め、戦略的意図を設定しました。そこで問題になったのは、どうやって会社全体が戦略的意図のもとに結集して、それを達成するのかです。プロダクト開発の観点では、成果のためにどう仕事の優先順位をつければよいでしょうか？　そのためには、プロダクトイニシアティブを定義して、それがプロダクトビジョンと整合性を保つ必要があります。

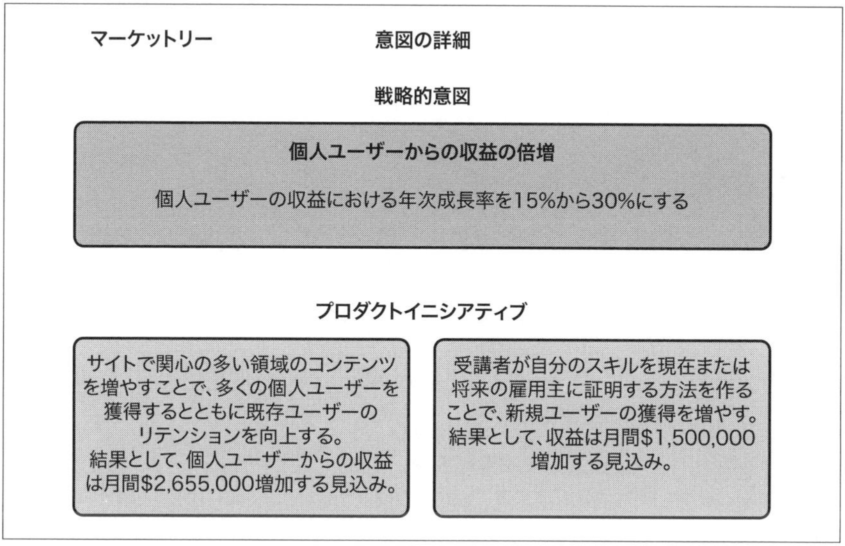

マーケットリー

意図の詳細

戦略的意図

個人ユーザーからの収益の倍増

個人ユーザーの収益における年次成長率を15%から30%にする

プロダクトイニシアティブ

サイトで関心の多い領域のコンテンツを増やすことで、多くの個人ユーザーを獲得するとともに既存ユーザーのリテンションを向上する。
結果として、個人ユーザーからの収益は月間$2,655,000増加する見込み。

受講者が自分のスキルを現在または将来の雇用主に証明する方法を作ることで、新規ユーザーの獲得を増やす。
結果として、収益は月間$1,500,000増加する見込み。

図13-2 マーケットリーの戦略的意図とプロダクトイニシアティブ

14章
プロダクトビジョンとポートフォリオ

プロダクトイニシアティブは、ビジネス目標をプロダクトで解決する問題に変換します。プロダクトイニシアティブは、その**やり方**を示してくれるでしょうか？　プロダクトの最適化や新しいプロダクトの開発でビジネス目標を達成するにはどうすればよいでしょうか？

Netflixにとって、ストリーミングを本格的に普及させるためにいちばん必要だったのは、視聴者がどこでもあらゆるデバイスで視聴できるようにすることでした。考えてみてください。当時、インターネット接続が可能なデバイスはなく、何かをダウンロードして視聴しようと思ったら、自分のノートPCを使うくらいしかありませんでした。ですが、いつもノートPCの小さい画面でテレビを見たいという人はいません。誰も一緒に見られないと言っているようなものですし、13インチの画面では映画館のような体験には到底なりません。

Netflixは、プロダクトイニシアティブを設定して、ユーザーのためにこの問題に取り組みました。ユーザーストーリー形式だと、「Netflixの視聴者として、どこでも、誰とでも、快適にNetflixを見たい」という表現になります。それから、多くのソリューションを模索しました。Rokuを開発したり、Xboxと提携して専用のアプリケーションを開発したりしながら、最終的にはインターネットに接続されたあらゆるデバイスで視聴を可能にしました。これらのソリューションのことを**オプション**と呼びます。すべてのオプションはこのプロダクトイニシアティブに沿ったものでした。

オプションとは、Spotifyが言うところの賭けです。つまり、プロダクトイニシアティブを達成するためにチームが検討するソリューションの候補を表します。このとき、ベストプラクティスや以前の作業を踏まえて、ソリューションがすぐに明らかになったり、簡単に理解できるようなものだったりすることもあります。また、その一方で、ソリューションを見つけるのに実験が必要な場合もあります。

プロダクトイニシアティブは、プロダクトチームがオプションを探るときの方向性を定めます。プロダクトイニシアティブによって、会社の目標と、ユーザーや顧客のために解決する問題を結び付けます。プロダクトマネージャーには、プロダクトイニシアティブとオプションが既存のプロダクトやポートフォリオのビジョンと確実に一致するようにする責任があります。場合によっては、ユーザーの問題を解決するために、新しいプロダクトを作ることになるかもしれません。プロダクトビジョンとポートフォリオのビジョンがあることで、自分たちが検討すべき問題やソリューションが明確になります。

14.1 プロダクトビジョン

私はこの2年間で、**プロダクトビジョン**を中心に足並みをそろえるのに苦労している10社以上の会社と会いました。どの会社も長い年月をかけてプロダクトを開発してきましたが、もはやスケールできない段階に達していました。どの会社も同じ問題を抱えていました。すなわち、多すぎるプロダクトと一貫したビジョンの欠如です。ある会社は個々の顧客の要求を満たすために単発のプロダクトを開発していましたが、幅広い顧客には対応できませんでした。また、ある会社は新しいマーケットへの参入の足がかりとなる新たなプロダクトを開発したものの、既存プロダクトとの関係については考えていませんでした。これらの会社の多くは年間10億ドル以上を稼ぎ、途方もない成功を収めています。ですが、従業員はとてつもない数で、方向性もなく、全体的なアプローチもないため、成長を続けることは困難です。

通常、戦略を持つことは会社が仕事の方向性をそろえて集中するのに役立ちますが、同時にさらに大きな問題を浮き彫りにします。全体的なプロダクトビジョンの欠如です。価値を届けるために複数の機能や方法があることは良いことですが、それらをすべてまとめ上げる何かが必要です。

プロダクトビジョンは、なぜあなたが作っているのか、顧客に対する価値提案が何なのかを伝えます。アマゾンは、あらゆるプロダクトビジョンについてプレスリリースの文書を作ることで、これをとてもうまくやっています。通常1〜2ページという短い文書に、ユーザーが直面している問題と、ソリューションがどうユーザーの問題解決を可能にするのかを記述しています。

プロダクトビジョンはユーザーの問題解決に関する実験から生まれます。ソリューションが適切であることを検証できれば、それを拡張性と保守性に優れたプロダクトに成長させることが可能になります。ただし、プロダクトビジョンを具体的にしすぎないように注意しなければいけません。小さな機能のすべてを説明するのではなく、ユーザーにとっての中心的な機能だけを含めるようにすべきです。細かく書きすぎてしまうと、プロダクトの成長の道を塞いでしまったり、あとで何かを追加するのが難しくなってしまったりします。

マーケットリーでは、それぞれのプロダクトでプロダクトビジョンを策定していました。プラットフォームにはすでに多くの受講者がいて、プラットフォームが形になり始めていました。方向性の確認は終わっていましたが、マーケットリーはそれを一貫した形にまとめる必要がありました。ジェンの主導のもとに、次のようなビジョンができ上がりました。

> 私たちは、マーケティングの専門家が現在の能力を把握し、さらに上のレベルになるのに役立つ講座を簡単に見つけられるようにすることで、スキルの向上を支援します。

この単純な文章には、ユーザーが解決しようとしている問題と、それを解決できるものについて書かれています。機能の具体的な詳細に踏み込まず、ユーザーにとって重要な品質（使いやすさ、関連性、エンゲージメント）に焦点を当てています。これによって、ニーズやコンポーネントに沿って、プロダクトが今どう機能しているのかを表せるようになります。どの講座を受講するとよいかをユーザーに伝えられるような評価の機能があって、それから受講の方法があり、実際にユーザーのスキルが上がったのかどうかを評価するというようにつながります。これは会社がチームを作ったりスコープを理解したりするのに役立つ良い出発点です。

プロダクト担当VPは通常プロダクトのビジョンを担いますが、その人がビジョンを最初に決めた人とは限りません。前述のとおり、プロダクトは実験から生まれます。そのため、通常はプロダクトがどのようなものであるかを決定する責任を持つ小さなチームが最初にビジョンを決めます。プロダクトがしっかりしたものになってくると、プロダクトを中心にチームを作って、成長させていきます。しかし、プロダクト担当VPは全員が全体的なビジョンに確実に沿うようにしなければいけません。

プロダクトが1つしかない会社であれば、プロダクトイニシアティブは、その会社が重視している主要なユーザーの問題を表します。その場合、会社はプロダクトイニシアティブと戦略的意図の両方に沿っていなければいけません。プロダクト担当VPは、その下のプロダクトマネージャーと協力して、これら両方を達成する上で解決すべき適切な問題を特定します。ときには、解決すべき問題のなかにプロダクトビジョンに直接関係ないものが見つかることもあります。それを受けて、新しいプロダクトとプロダクトポートフォリオを作るよう決定することもあります。

14.2 プロダクトポートフォリオ

複数のプロダクトを持つ会社は、**プロダクトポートフォリオ**と呼ばれるものでプロダクトを包み込むことがよくあります。非常に大きな会社であれば、顧客に提供する価値の種類に応じてプロダクトポートフォリオも複数あります。たとえば、Adobeにはプロダクトポートフォリオとして Adobe Creative Cloud があり、Photoshop、Illustrator、InDesign などのアプリケーションで構成されています。また高速プロトタイピング用のツールなど、新しいクリエイティブツールで構成される次世代アプリケーション向けのポートフォリオもあります。

最高プロダクト責任者（CPO）は方向性を設定し、プロダクトポートフォリオ全体を監督します。自分たちのプロダクトやサービスが、短期的または長期的にビジョンを達成する上でどう役に立つかという点についての考えを持っていることが重要です。そのため、CPO はチームに対して次の問いに答えます。

- すべてのプロダクトが、顧客に価値を提供するシステムとしてどのように機能するか？
- 各プロダクトラインには、全体のシステムを魅力的なものにする上で、どのような独自の価値があるか？
- 新しいプロダクトソリューションを決めるときに考慮すべき全体的な価値とガイドラインは何か？
- ビジョンにとって役に立たないので止めるべきことは何か？

プロダクトポートフォリオ全体で戦略的意図を達成したり、個々のプロダクトビジョンを推進したりするのに必要な仕事からプロダクトイニシアティブは生まれます。また、チームの仕事と会社の方向性のバランスを取ることも必要です。CPO は、フレームワークのなかでこれらの領域のバランスを取る方法を明らかにする責任があります。

ポートフォリオ全体で成功するには、それぞれの分野に投入する投資額、人員数、キャパシティーのバランスを取るのに必要なことすべてに目を配る必要があります。このアプローチはイノベーションのための時間を見つけるのに役立ちます。リーダーはいつもイノベーションのための時間がないと不満をこぼします。通常、これはキャパシティープランニングと戦略策定の不備が原因です。

イノベーションのための時間がないわけではありません。その**時間を作っていない**だけです。時間を作るには、いくつかのことに対して「ノー」と言わなければいけません。明日になれば報われるかもしれないと考えてたくさんの仕事に手をつけてしまうと、身動きが取れなくなっています。革新的でありたいなら、チームが1つのことに専念できるようにしなければいけないですし、ポートフォリオにもそれが可能な余地を残しておかなければいけません。

アマゾンはポートフォリオにイノベーションを組み込むのがとても上手です。秘密のラボでチームを立ち上げ、何年もかけてビジネスを拡大する方法を考え出しています。Amazon Echoはこういったイニシアティブから生まれました。専任のチームを作って、ボイスコントロールを使って購買行動を増やす方法を調査しました。実際にリリースして大きな成功を収めるまで、5年以上の時間をかけて調査を繰り返し、EchoとAlexaを改良しました[†1]。アマゾンは、この新しいマーケットに参入する方法を模索するというプロダクトイニシアティブに必要な時間と場所を用意したのです。

†1 Eugene Kim, “The inside story of how Amazon created Echo, the next billion-dollar business no one saw coming,” Business Insider. https://read.bi/2Sk8OBa.

第IV部 プロダクトマネジメントプロセス

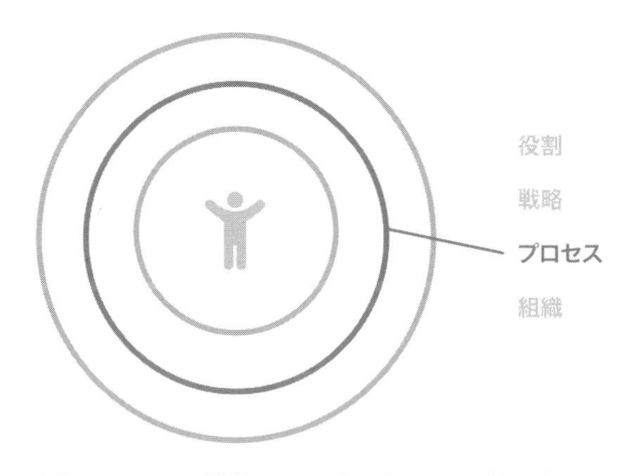

最善のソリューションは、ユーザーが解決を望んでいる現実の問題に結び付いています。ビジネスの推進と戦略の達成に向けて、プロダクトマネージャーはプロセスを活用して、ユーザーの問題のうちどれをチームで解決するかを決定します。プロダクトマネージャーはプロダクトのカタを使って、チームが適切な実験思考のマインドセットを持てるようにします。そうすることで、チームはソリューションではなく問題に向き合うようになり、アウトカムにたどり着くまで実験を繰り返せるようになります。

「もしかしたら、購入前に試せるような無料アカウントが必要かもしれない」
「いや、思い切った割引をして、数か月使ってもらうといいんじゃないかな」
「講師の質の問題かもしれませんね。もっと有名な講師がいれば受講者が増えるかも」
マーケットリーでは、個人ユーザーからの収益を増やすにはどうすればよいか、熱い議論が交わされていました。チームの戦略的意図はユーザーからの収益を増やすことでした。みんながアイデアを持っていて、その多くは興味をそそるものでした。どのアイデアも特定の問題に対しては適切なソリューションである可能性がありました。ですが、問題が何なのかは理解できていませんでした。どこに問題があるのでしょうか？　どうやったらもっと収益を増やせるのでしょうか？　私たちはこれらの点についてもっと詳しく知るべきなのです。
「待って！」　私は言いました。「一歩下がって、知っていることを分析しましょう。私たちの目標は個人ユーザーからの収益を増やすことです。プロダクトの指標を踏まえると3つの方法があるように思うのですがどうでしょう？」
プロダクトマネージャーのモニカが相づちを打ちました。「そうですね。新しいユーザーを獲得すれば収益は増えるわ」
「そのとおり」と私は言いました。「ほかには？　あと2つオプションがあります」
別のプロダクトマネージャーのクリスタは、遠慮がちにこう言いました。「既存ユーザーのリテンションを向上させるのはどうでしょう？　現状の定着率は半年で40%しかないので」
「正解。リテンションを高くすれば1人あたりの生涯価値（LTV）も上がります。あと1つは？」
「既存ユーザーからの新しい収益源を作るんじゃないか？　もっと高額で売れるものを見つけよう」と受講者体験に関するプロダクト担当VPであるジョーは言いました。
つまり、3つの選択肢があったのです。

- より多くの個人ユーザーを獲得する
- 既存の個人ユーザーのリテンションを上げる
- 既存の個人ユーザーからの新たな収益の流れを作る

「それぞれの選択肢を取り巻く問題やビジネス機会がどこにあるのかを把握しなけ

ればいけません」　私はそう言いました。「顧客獲得とリテンションについては、私たちが持っているデータとフィードバックを掘り下げて、何か問題があるのか確認してみましょう。新しい収益の流れについては、考えられるアイデアを話し合いましょう」

チームは二手にわかれてデータの確認を始めました。1つめのチームは顧客獲得のファネルを分析して、ユーザーがサイトにアクセスしてから登録するまでの全ステップを調べました。そして、サイトを訪問した人が実際に登録してお金を支払う割合(コンバージョンレート）が非常に低いことがわかりました。

「マーケティングはうまくいっているように見えますが、割引もあるのに登録してくれていません。何が登録を妨げているのかどうやったらわかるんでしょう？　登録してくれなかった人の情報なんてありませんし……」とモニカが口にしました。

「Qualarooっていうツールがあるのを知ってます？」とリード開発者のリッチが質問しました。「戻るボタンに近づいたりページから離脱しようとしたりするとアンケートを出せるんです。これを使えば、なんで登録しないのかを聞けます。10分もあればサイトに追加できますよ」

「素晴らしいわ」　モニカは答えました。「やってみて結果を見てみましょう」

チームはサイトにQualarooのウィジェットを設置しました。すると、1週間もしないうちに100件以上の回答がありました。

「驚きました。とてもたくさんのことがわかりました」とモニカは言いました。「無料トライアルがないので登録しないと言っている人は誰もいません！」　55%の人は、ソーシャルメディアのような新しいマーケティング手法に関する講座が見つからないことを理由にしていました。25%の人は、マーケティングにキャリア転換するのに役立つものを探していて、講座がスキル獲得にどう役立つかがわからないことを理由にしていました。

「私たちのサイトでは登録して最初にスキルの評価をしていますが、そのあとスキルが身に付いたかを再評価していません」とモニカは言いました。残りの20%の回答にはほかにも多くのテーマが含まれていましたが、特筆すべきものはありませんでした。「2つの大きな問題がありましたね」

もう1つのチームはリテンションについてすばやく調査しました。「6か月後に残っているのはたった40%でした」とクリスタは説明しました。「最近解約した100人を追跡して理由を聞いたんですが、90%の人は興味あるコンテンツがなくなったと答えました。だいたい10個の講座を受講していましたが、新しいマーケティング手法に関する講座が見つからなかったそうです。どこでも学習できて、場合によってはYoutubeで無料で見られるような古い標準的なものばかりだと」

既存ユーザーと新規ユーザーという2つのグループがありますが、どちらも同じ問題を抱えていました。希望する講座をサイト上で見つけられず、6か月以上利用するだけの妥当性が十分ではなかったのです。

「もっとコンテンツが必要なのはわかりましたが、どうやって手に入れればいいんでしょうか？」とカレンが質問しました。「講師は適切なんでしょうか？　もっと講師を集めなければいけないんでしょうか？　講師はどれくらいコンテンツを作ってるんでしょう？」　彼女は講師側に懸念を抱いていて、クリスタに調査してもらうことにしました。

調査の結果、クリスタは、講師が講座の作成に苦労していることを突き止めました。講師のほとんどは講座を1つしか作っていませんでしたが、半分以上の講師が新しい講座を作ろうとするもののできなかったのです。講師は2つの問題を抱えていました。1つはプラットフォームが使いにくかったこと、もう1つが受講者が何を求めているのかわからなかったことです。「受講者がソーシャルメディアを求めているなら、そこから始めたのに……」とある講師は言いました。プロダクトイニシアティブとオプションが見えて来ました。チームは整理を始めました。

マーケットリーのプロダクトイニシアティブ

イニシアティブ1

サイトで関心の多い領域のコンテンツを増やすことで、多くの個人ユーザーを獲得するとともに既存ユーザーのリテンションを向上する。結果として、個人ユーザーからの収益は月間$2,655,000増加する見込み。探索するオプションは以下のとおり。

- 講師がより簡単ですばやく講座を作成する方法
- 受講者の関心領域を講師に伝えられるようなフィードバックループ
- 関心領域の講座を作れる新たな講師への働きかけ

イニシアティブ 2

受講者が自分のスキルを現在または将来の雇用主に証明する方法を作ることで、新規ユーザーの獲得を増やす。結果として、収益は月間$1,500,000増加する見込み。探索するオプションは以下のとおり。

- 継続的な評価システムを作り、スキルを評価するためのテストを受講者が継続的に受けられるようにする
- 修了証明書と技能証明書

チームはこれらのアイデアの承認をジェンに求めました。彼女がゴーサインを出したのち、それぞれの持ち場に戻って、これらの目標を達成する方法について実験を始めました。

第Ⅳ部では、作るべき適切なものを明らかにするプロセスについて扱います。通常、プロセスについて考えるとき、適切なソフトウェアを作ることよりもソフトウェアを開発するという行為自体に焦点を当てがちです。ですが、これはビルドトラップです。マーケットリーのチームが何に注力すべきかを見つけるために行ったような問題解決と実験のテクニックを理解して適用することで、ビルドトラップから抜け出すことができます。これはプロダクトマネジメントのプロセスであり、プロダクトのカタから始まります。

15章
プロダクトのカタ

すでに少し触れましたが、**プロダクトのカタ**とは作るべき適切なソリューションを明らかにするプロセスのことです（**図15-1**）。プロダクトのカタは体系的なプロセスで、問題解決の観点でプロダクトを作る方法をプロダクトマネージャーに教えてくれます。これは、驚くほど影響力のある習慣をプロダクトに関わる人たちが身に付けるのに役立ちます。武道のカタのように何度も何度も繰り返すことで、脳内にプロセスを定着させます。しばらく練習するとこの思考パターンを自然に使えるようになります。

このステップを通じて、プロダクトイニシアティブとオプションを明らかにします。

最初のタスクは、プロダクトイニシアティブにたどり着くことです。そのためには、戦略的意図を理解し、自分たちのプロダクトの観点で戦略的意図の現状を評価し、戦略的意図を推進するために解決する問題を決定しなければいけません。これは、マーケットリーがコンテンツを増やし評価の仕組みを作るというプロダクトイニシアティブにたどり着く際に、調査と分析のなかで行ったことです。

プロダクトイニシアティブの達成に役立つオプションが多数あることもあります。マーケットリーがコンテンツを増やすというイニシアティブにたどり着いたときには、3つのオプションがありました。これらの1つもしくはすべてが、イニシアティブの素晴らしいアウトカムをもたらすものかもしれません。それはそれで構いません。プロダクトイニシアティブの達成に近づいているかどうかを判断するには、成功の指標を短期的な時間軸のなかで計測できるものに分割する必要があります。これを**チーム目標**と呼び、オプションの成否を計測するのに使います。プロダクトイニシアティブの目標を達成するのには半年以上の時間がかかるかもしれませんが、チーム目標はリリースごとに計測できるものであるべきです。そうすることで、オプションが期待

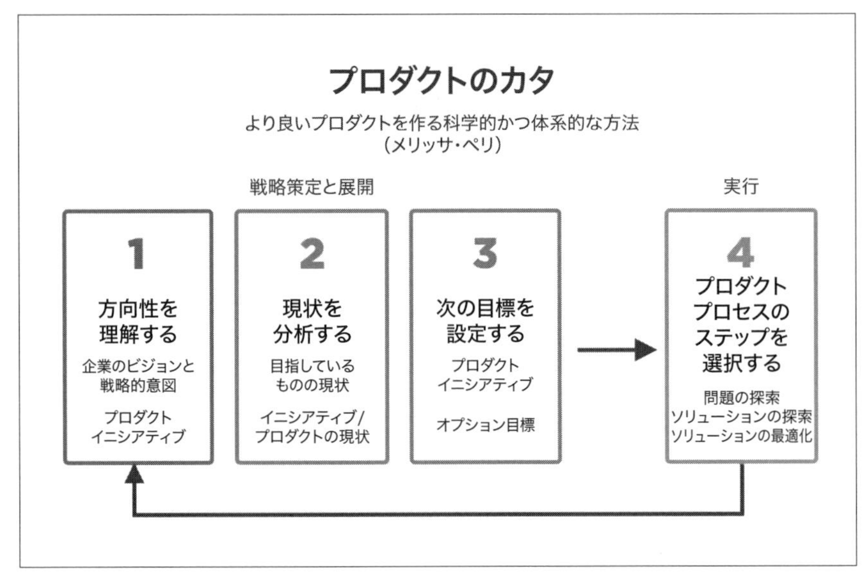

図15-1 メリッサ・ペリによるプロダクトのカタ

どおりに機能したかどうかのフィードバックが得られるからです。チーム目標はプロダクトイニシアティブと同じプロセスを使って設定します。

15.1 コンテキストがすべて

リーンスタートアップの登場以来、多くのソフトウェア企業では実験がホットな話題になっています。多くのチームが勇んでA/Bテストやプロトタイプ作成といった実験に取り組むのを見てきました。ですが、作業に取りかかる前に一歩下がって、自分がどこにいるのか、その段階で何が必要なのかを理解することが重要です。ここでプロダクトのカタが役に立ちます。

目標を設定したら、プロダクトのカタに沿って進めていきます。以下の質問について考えます。

1. 目標は何か？
2. 目標を踏まえて、自分たちは今どこにいるのか？

3. 目標に到達する上で立ちはだかる最大の問題や障害は何か？
4. どうやってその問題を解決するか？
5. 何が起こると予想されるか？（仮説）
6. 実際には何が起こったか、そこから何を学んだか？

まず、チームとして次の行動を計画するために、1〜4の質問に答えます。そのあと、質問5と6で行動をふりかえって、また最初からやり直すかどうかを決めます。この質問によって、問題の探索、ソリューションの探索、ソリューションの最適化といった各フェーズを実行に移せます。どんな手順で進めるか、そのためにどんなツールを使うのかは、私たちがどこにいるかによって変わります。

それぞれのフェーズを理解することが重要です。そうすれば目標を達成するのに必要なことだけをできるようになります。プロダクトマネジメントでよく見かける最大の失敗は、間違ったステージでツールやプラクティスの導入を急いでしまうことです。問題がまだわかっていなかったり、ソリューションの良いアイデアがすでにあったりするときに、不要な実験をしてしまうことがとても多いのです。

特定のソリューションに関して実験するかどうかを考えるとき、私の友人で以前ザッポスでUX部門の責任者を務めたブライアン・カルマが言ったことを思い出します。「価値提案の中心ではないものに対して、時間を費やしてユニークで革新的なソリューションを設計したり作ったりしないこと。誰かがその問題をベストプラクティスで解決しているなら、そこから学習して、ソリューションを実装し、データを集めて自分の状況でうまくいくか判断すればいい。それを繰り返そう。価値提案を作るもの、または壊してしまうものに時間とエネルギーを使おう」

ECサイトの購入ページが良い例です。ほかのEC企業向けにこの機能を売り込むつもりがないなら、ここですべての時間を費やすべきではありません。このソリューションに関してはすでに多くの実験が行われていて、それを活用すればいいのです。私もこのことを知っておくべきでした。EC企業で働いていたとき、購入画面についてさまざまな調査に時間を費やしていました。そうならないよう、可能であれば、すでに最適化した人たちから学習して、その人たちのベストプラクティスを実装し、そこから微調整してください。それができないなら、近い領域の仕事を参考にするか自分で独自に考えることになります。

解決しようとしている問題が価値提案の中心である場合には、一歩下がって、最初のソリューションに飛びつかないようにします。競合との差別化を図る独自のコンテキストを活用するのです。ソリューションのアイデアをいくつか試してから、1つのソリューションにコミットしてください。

プロダクトマネジメントでこのアプローチを活用することで、すべての設計や開発作業が目標達成の役に立ちます。これは試したことすべてをリリースするという意味ではありません。むしろほとんどのものはリリースされないでしょう。この時点でできる最善のことは、悪いアイデアを捨てることなのです！　機能は少なければ少ないほどよいのです。こうすることでプロダクトの複雑さを軽減できます。さもないと、顧客が機能疲れを起こします。重要なのは数ではなく品質です。それを忘れないでください。プロダクトのカタに焦点を当て、自分たちがどこにいるか、そこでどんなツールが使えるのかを明らかにすることは、プロダクトマネジメントを成功させるカギです。次の数章では以下のそれぞれのフェーズを実行する方法について説明します。

1. 方向性の理解
2. 問題の探索
3. ソリューションの探索
4. ソリューションの最適化

16章
方向性の理解と成功指標の設定

マーケットリーで、私はプロダクト担当VPのカレンとジョーと一緒に、プロダクトイニシアティブを定量化してジェンに提示する方法を考えていました。

「では、今あるデータを見ましょう」と私は言いました。「現在のリテンションとアクイジション[†1]はどのくらいですか？」

ジョーは、プロダクトイニシアティブの探索中にチームが収集したデータを出しました。「現在のリテンションは6か月で40%です。よくないですね」

「いえ。今後数か月でユーザー獲得にかなりの資金を使う予定なので全然ダメですね。リテンションが維持できなかったら、資金がなくなってしまいます」とカレンが言いました。

「数字はわかったので、問題を見てみましょう。ユーザーはもっといろんな講座を欲しがっているのはわかりましたが、何％ぐらいの人がそう思っているんでしょうか？」と私は質問しました。

「えっと、おおよその数字がわかるデータが2つあります」とカレンは答えました。「1か月ほどサイトにQualarooを入れて調べたところ、約55%がもっといろんな講座が欲しいと回答してます。このデータにも統計的な意義はありますね。つまり、毎月82,500人が登録しないで離脱している可能性があります。全員が登録するわけではないですが、この問題を解決するメリットは大きいと思います」

「これも可能性の一部にすぎないですね。リテンションのデータも見てみましょう」と私は言いました。

「最近解約した人を対象にしたアンケート調査では、興味を引く講座がないという

†1　訳注：リテンションは利用継続、アクイジションはユーザー獲得を示す。詳細は本章後半を参照

回答が90%を占めました。解約数を見てみると、毎月18万ドルの収益を失っています。アクイジションほどでもないですが、これも問題ですね」とジョーは少し肩をすくめながら返しました。

「リテンションは100%を維持できませんし、アクイジションは100%にはなりません。ですが、データからアクイジションと収益の目標を設定することはできそうです。まず現実的な数字を考えてみませんか？」と私は言いました。「この数字が変わると、どういう影響がありそうですか？」

「そうですね、リテンションを40%から70%に増やせれば、毎月9万ドルの収益になります。アクイジションを倍にすれば、年間700万ドル強になります。これで年間合計800万ドルくらいになるので、戦略的意図である30%の収益増加にかなり近づきます」

カレンはイニシアティブを以下のようにまとめて、ジェンに説明しに行きました。

> サイトで関心の多い領域のコンテンツを増やすことで、アクイジションを倍増し、既存ユーザーのリテンションを70%まで高めることができる。その結果、個人ユーザーからの収益は年間800万ドル増加する。

「いいですね」 ジェンは言いました。「コンテンツを増やすことに価値があるのがわかります。フィードバックは明確です。このイニシアティブで、個人ユーザーからの収益を増やすという目標のほぼ半分ですよね。これなら喜んで投資できそうです。仮説についてほかに何かありますか？」

「いくつかあります」とジョーは答えました。「1つめ。受講者が求めているコンテンツの専門家は、新しい講師のターゲットになると思います。マーケティングチームを活用して、見込みがありそうな講師にアプローチしたいと思いますが、まずは少人数のチームを作って、対象となるコンテンツと講師を調べます。2つめ。今の講師が講座を増やせていない原因を調査しているチームがあります。素晴らしい講師がたくさんいるのに、1講座しか作っていません。チームは次のリリースに向けて仕上げに入っていますが、プロダクトマネージャーとUXデザイナーはこの件を調査中です」

「すごい！ またデータが手に入ったら教えてください」とジェンは言いました。「とてもよさそうです」 そう言ってジェンは承認しました。ジョーとカレンは、このイニシアティブに関連するオプションをさらに検討する了解が得られたことをチームに伝えました。方向性がはっきりしたら、ジェンに最新の情報を伝えることになりました。

カレンは、講師体験のプロダクトマネージャーのクリスタにこのことを伝え、チームが抱える問題を調査する準備をしました。

「成功のために、プロダクトのカタを順番に見ていきましょう。そのためにまずは、講師が多くのコンテンツを作るときに直面する障害や顧客の問題を特定する必要がありますね。1週間後にまた集まって、どんなことがわかったか見てみましょう」

クリスタはUXデザイナーとリードエンジニアに協力してもらって、さらに深く調べました。まず、プロダクトイニシアティブを詳しく見て、なぜそこに至ったのかを理解してもらいました。それからクリスタは、すでに判明していることを説明しました。

「最初の調査では、多くの受講者が新しいマーケティング手法の学習に興味を持っているのがわかりました。ソーシャルメディアの活用や、サイトのトラフィックを増やせるようなコンテンツの制作といったものです。つまり、単にコンテンツを増やすだけでは不十分で、戦略的に取り組まなければいけません。それから、私たちは何か月も前から、助けを求める講師からのメールでフィードバックを受けています。質問の多くは、情報をすばやくアップロードする方法についてです。つまりどこかに使いづらいワークフローがあると思われます。この問題がどれくらい広範囲のものなのか調べて、定量化したいと思っています。どのくらいの人たちがこの問題に直面しているかのデータを得るにはどうしたらよいでしょうか？」

「講師用の画面に自由入力のアンケートを作って、2つめの講座を提供しない理由を聞いてみます」とUXデザイナーのマットは言いました。

「講師がいつ講座を作り始めて、いつ終わったのか、システムからデータを取れます。何かあるのはこのタイミングです」とリード開発者のリッチは言いました。

「素晴らしい！　1週間でできる限り調べてみましょう。データを集めて、もっと詳細に掘り下げる価値があるかどうか見てみましょう」

チームは仕事に取りかかりました。次の週の初めに、みんなで集まってわかったことを整理しました。私も検討に加わりました。

「酷いですね」とマットは言いました。「この体験がここまで酷くて、講師が信じられないほどイライラしているなんて知らなかったです。コンテンツのほとんどができ上がっていても、それをまとめて公開するのに平均で1か月もかかっています。音声だけの演習、外部コンテンツの取り込み、リンクの追加など、講師が望んでいる機能の多くが不足しています。さらにバグも多いです。体験の改善に向けてできることがたくさんありそうです。講師は本当にもっと講座を作りたいと思ってくれています」

「ええ、データベースやイベント記録で似たような情報を見つけました」とリッチは返しました。「講座を作り始めてからコンテンツを公開するまでに、平均して61日もかかっています。講座を作ろうとした講師の75%以上は、何も公開していません。クリスタが見つけた問題のいくつかが原因かもしれません」

「なるほど、これはいい情報ですね」 私は言いました。「何をすればこの体験が向上して、講座をもっと作ってもらえるようになるか考えてみましょう。先行指標を明らかにする必要がありますね」

「この体験に取り組めば、改善につながりそうです」とクリスタが答えました。「講座の公開率を増やしたり、講師が2つめの講座を作るのも増やしたりできると思います」

「完璧ですね」と私は言いました。彼らはとてもうまくやってくれました。「次に、これらの数値をベースラインにして、オプションステートメントにまとめましょう」

チームはデータから数字を集めて、独自にオプションステートメントを定義しました。

> 講師がより早く簡単に講座を作れるようにすることで、講座の公開率を50%に、2つめの講座の作成率を30%に増やすことができる。

クリスタはこれをカレンに渡しました。カレンの反応は、次のようなものでした。「実際に何が必要なのかはもう少しちゃんと考えてほしいですけど、方向性としてはよいと思います。問題の調査とソリューションの探索が進んだら、オプションステートメントに立ち戻って、実際に何を作るのか、数字を上げるために何をすればよいのか考えましょう」

こうして、チームは問題の調査と、講師をイライラさせていることを詳細に調べる準備ができました。

16.1 プロダクトの指標

健全なプロダクトは、最終的には健全なビジネスにつながります。つまり、**プロダクトの指標**は、プロダクトの健全性とともにビジネスの健全性も示します。プロダクトの指標はすべてのプロダクトマネージャーの生命線です。いつ、どこで行動すべきかを知るためには、プロダクトの鼓動を追跡することが不可欠です。それを使って方向性を定めます。

ですが、間違ったことを計測していると簡単に行き詰まってしまいます。チームはしばしば、私たちが**虚栄の指標**と呼んでいるものを計測するようになります。この考え方はリーンスタートアップで提唱されたもので、大きくなり続ける輝かしくて印象的な目標のことです。自分たちのプロダクトのユーザー数、日次のページビュー、ログイン回数といったものを喜んで共有する人もたくさんいます。数字のおかげで自分が投資家から魅力的に見えるかもしれませんが、プロダクトチームやビジネスの意思決定には役に立ちません。こんな数字では行動や優先順位は変わらないのです。

虚栄の指標は時間の要素を加えることで簡単に、実行可能な指標に変えることができます。たとえば、「先月よりも今月のほうがユーザー数が多いか？　何か違うことをしたか？」といったものです。事実や数字にコンテキストや意味を加えるにはどうすればよいか、よく考えてください。指標の背後にある意味と、それが意思決定や理解にどのように役立つかを考えましょう。

虚栄の指標に加えて、プロダクトチームが、リリースした機能の数、完了したストーリーポイント、ユーザーストーリー数などアウトプット志向の指標を計測しているのをよく見かけます。これらは生産性の指標としては優れていますが、プロダクトの指標としては適切ではありません。生産性の指標を使って、プロダクト開発の結果をビジネスと関連付けることはできません。それができる別の指標が必要なのです。

プロダクトの適切な目標を考えるのに役立つ多くのプロダクトフレームワークがあります。私のお気に入りは海賊指標とHEART指標の2つです。

16.2 海賊指標

海賊指標は、500 Startupsの創設者であるデイブ・マクルーアが作ったもので、プロダクトにおけるユーザーのライフサイクルを扱う指標です。これを**図16-1**のようなファネルと考えてみてください。

ユーザーがあなたのプロダクトを見つけることを**アクイジション（ユーザー獲得）**、最初にユーザーに素晴らしい体験をしてもらうのを**アクティベーション（利用開始）**、ユーザーにプロダクトを使い続けてもらうことを**リテンション（利用継続）**、プロダクトを気に入ってほかの人に勧めてくれるのを**リファーラル（紹介）**、プロダクトに価値を感じてお金を払ってくれるのを**レベニュー（収益）**と呼びます。それぞれの頭文字を取って、AARRR（海賊指標）となります。おわかりいただけましたか？

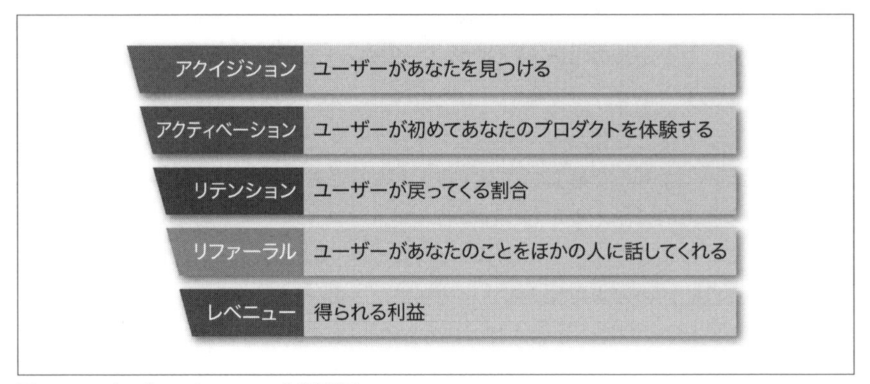

図16-1 デイブ・マクルーアの海賊指標

このフレームワークでいちばん理解するのが難しいのは、アクティベーションとアクイジションの差です。アクイジションとは、ユーザーがサイトに来て登録することです。マーケットリーが計測していたのはこれです。アクティベーションとは、プロダクトを使って素晴らしい体験をする第一歩を踏み出すことです。マーケットリーの場合は、最初にスキルの評価を受けて、どの講座を受ければよいか理解できることがそれにあたります。最初にうまくアクティベーションすることで、その後のリテンションにつながります。

現代においては、ユーザーを収益化するのにすべての企業が同じ道を歩むわけではありません。海賊指標で示した道は、**フリーミアムモデル**を採用している一般消費者向けのプロダクトにおいて有効です。BtoBのプロダクトを扱っていてセールスチームがあるのであれば、ユーザーのアクティベーションの前に収益が得られます。プロダクトのフローにあわせて、順番を入れ替えても構いません。

適切なファネルを使えば、ステップごとのコンバージョンは簡単に計算できます。どこでユーザーが脱落する傾向にあるかがわかりますし、それを改善する行動も取れるようになります。ファネルのそれぞれにどのくらいの人がいるかがわかれば、その人たちをターゲットにして、次の段階に進める方法を見つけることも可能です。ここでの目標は、ユーザーの解約を防いで、支払いを続けてもらうことです。

海賊指標はとても一般的なものになりましたが、ユーザー満足度について何も語っていないという欠点を指摘する人もいます。それを受けて、グーグルのケリー・ロッデンは、ユーザー満足度を計測するHEART指標を作りました。

16.3　HEARTフレームワーク

HEART指標は、**ハピネス（幸福）**、**エンゲージメント**、**アダプション（採用）**、**リテンション（利用継続）**、**タスクの成功**を計測するものです。これらは通常、特定のプロダクトや機能を説明するのに使います。アダプションは、海賊指標のアクティベーションと似ています。プロダクトを初めて使う人を対象にしているからです。リテンションは海賊指標と同じです。

HEARTフレームワークでは、ユーザーがどのようにプロダクトと関わっているかを表す指標が追加されています。ハピネスは、ユーザーがプロダクトにどれだけ満足しているかを示す尺度です。エンゲージメントとは、ユーザーがどれだけ頻繁にプロダクトを使っているかを示す尺度です。タスクの成功は、プロダクトを使って意図したことを達成するのがどれだけ簡単かを計測します。

HEART指標の詳細については、ロッデンの記事「How to Choose the Right UX Metrics for Your Product（プロダクトに適したUX指標の選び方）」[†2]を参照してください。

16.4　データを使って方向性を決める

前述のように、プロダクトに関するすべての活動は、最終的にはビジネスの収益またはコストに影響します。こうして、プロダクトの指標をビジネスのアウトカムに結び付けます。プロダクトイニシアティブやオプションなど、戦略のあらゆるレベルで指標を設定しておくのが重要で、それによって成功しているかどうかを判断できるようになります。

どんな指標でも、プロダクトの方向性を導き出すには、1つの指標だけでなく、指標のシステムを持つことが重要です。1つの指標だけに注力してしまうと、その指標を簡単に操作できてしまいます。マーケットリーも簡単にこの罠にはまってしまい

†2　Kerry Rodden, "How to choose the right UX metrics for your product," Medium.com. http://bit.ly/2D77HAi.

ました。アクイジションを増やすためにどんなオプションを探索したとしても、ユーザーのリテンションを注視して、一定の閾値を下回らないようにしなければいけません。2つかそれ以上の指標の組み合わせで、**お互いに破壊的な影響**を及ぼすような指標のことをシステムと呼びます。

ただし、このシステムには1つ問題があります。リテンションは遅行指標であり、すぐに対処することは不可能であるというものです。ユーザーが止めていないことを示す確かなデータが得られるまでには数か月かかります。だからこそ、アクティベーション、ハピネス、エンゲージメントといった先行指標も計測しなければいけないのです。先行指標は、リテンションなどの遅行指標の達成に向けてうまく進んでいるかどうかを示してくれます。リテンションの先行指標を決めるときは、リテンションを支えるものを選ぶようにしてください。たとえばハピネスやプロダクトの使用状況などがそれにあたります。

通常、オプションに設定した成功指標は、私たちがイニシアティブに期待するアウトカムの先行指標です。なぜなら、前の章で説明したように、オプションはより短い時間軸での戦略だからです。成功の指標は、賭けの長さに見合ったものでなければいけません。オプションのレベルで指標を計測することで、イニシアティブのレベルで冷酷な事実があとからやってきたときに驚くのを防ぐのに役立ちます。

行動を起こすのに十分なデータを確実に手に入れるためには、これらを簡単に計測できるツールを用意することが重要です。指標のプラットフォームの準備は、すべての企業が最初に行うべきことの1つです。Amplitude、Pendo.io、Mixpanel、Intercom、Google Analyticsはどれもデータプラットフォームです。IntercomやPendo.ioであれば顧客に質問できるようになっているので、フィードバックループも実現できます。自作であれ、サードパーティのものであれ、指標のプラットフォームはプロダクト主導企業に不可欠です。これがあれば、プロダクトマネージャーはさまざまな情報をもとにして意思決定できるようになります。

目標を設定するときは、現実的であることが重要です。クリスタとカレンは、妥当な仮説を立てるために調査結果とプロダクト分析を見て、おおよその数値を把握しました。また、過去からの傾向を見て、現実的な見積りを立てようとしました。たとえば、毎月8万人以上の新規ユーザーを獲得しようとしていないことはわかっていました。それでも、適切なコンテンツがないことを問題として指摘するフィードバックがとても多かったので、これを直せば現在のアクイジションの割合を2倍にすることはできそうでした。

問題を調査せずに成功の指標を設定することはできません。これが、次の章で説明する問題の探索プロセスがまず必要な理由です。あなたが設定する成功の指標は、発見する問題と、それを解決するために実装するソリューションに関連しているのです。

17章
問題の探索

クリスタは自分のチームでプロダクトのカタを進めて、オプションの探索を開始しました。

「オプションの目標は何でしょう？」と彼女はマットとリッチに質問しました。

「講座の公開率を50%に、講師が2つめの講座を作成する割合を30%に増やすことです」と彼らは答えました。

「今はどれくらいですか？」

「まだまだです。講座の公開率はわずか25%です。かなりつらい数字ですね。2つめの講座の割合はたった10%です。一生懸命やってるんですが……」とぶつぶつと答えました。初めてデータを見たときのショックがまだ尾を引いているようでした。

「私たちが解決しようとしている障害は何でしょう？」

「講師が講座を作るときの問題は、まだ十分わかっていないです」

「もっと理解するには、まず何をしたらよいでしょう？」

「ユーザー調査でしょうね」とマットが答えました。「20人の講師に1時間ほど協力してもらって、講座を作ってもらい、それを見ようと思います。2週間もすれば講師が苦痛を感じている箇所を特定できるはずです。クリスタ、インタビューを手伝ってくれませんか？」

「もちろん、分担してやりましょう。リッチ、みんなが同じ理解になるようにいくつか同席してくれませんか？」

「わかりました。今週であれば半分くらいは同席できそうです。スケジュールを空けておきますね」

実際やるにあたっては多くの不安がありましたが、それは当然でした。チームは講師とビデオチャットで会話して、画面を共有してもらいました。そのなかに、まだ講座を立ち上げていない講師が何人かいました。その人たちの様子を見て、どこで行き詰まっているかがわかりました。インタビューのあと、データを集めて分類しました。

「うわぁ、この講師ポータルのデザインはかなり酷いですね。良くないのはわかっていましたが、想像以上です」と マットは言いました。「もとのデザインは開発者が作ったんですかね」　マットは入社してまだ1か月しか経っていませんでした。

「ええ、そうです。私がデザインせざるを得なかったんです……」とリッチはため息をつきながら言いました。「私は開発者で、半年前までUXデザイナーはいなかったんです！」

「ああ、それじゃ仕方ないですね」　マットは、明らかにイライラしているリッチのメンツを保とうとして言いました。「少なくとも、現在の問題が何なのかわかりましたね」

「講師はほかのサービスにも講座を持っていて、それを移行したかったんですね。知りませんでした。全部一から作ったものだと思っていました」とリッチは言いました。「それから、コンテンツを作るためにシステム以外のところでどれくらい作業しているのかも知りませんでした。みんな、全部をまとめてすばやく入力できるようにしたいんですね」

「そうですね。現状のワークフローとまったく合わないですね」とマットは返しました。「では、問題を書き出して、ユーザーが望んでいるフローを作って、そこから作業を進めます」

「お願いします。私もいくつか気になったことがありました。インタビューのなかでいくつか問題になりそうな発言があったので紹介しますね」とクリスタは言うとチームにリストを見せました。

- ほかのプラットフォームから講座を移すときに、すべての情報を簡単かつ正確にマーケットリーにアップロードしたい。そうすれば再入力に時間をかけずに済む
- 新しい講座を作るときに、コンテンツ全部を簡単にインポートしたい。そうすればすぐに講座を立ち上げられる
- 講座を作るときに、音声のみのオプションが欲しい。そうすれば動画を作る時間が省けるし、ポッドキャストが好きな人にアピールできる
- 講座を立ち上げるときに、お勧めの価格を教えてほしい。そうすればほかの講

座を調べる手間が省ける
- 講座を作るときに、対象となりそうな受講者が何を学習したいと思っているかを知りたい。そうすればそれにあうコンテンツを作れる

「どれもそのとおりですね」とマットとリッチも同意しました。「今のユーザージャーニーを把握して、問題のある領域を特定して、理想的な状態を実現しましょう」

彼らはホワイトボードに現在のユーザージャーニーを描いて、特に問題が多いところにしるしをつけました。

「コンテンツをシステムに取り込むのにかかる時間の問題を解決するのがいちばんだと思います」とクリスタは言いました。「まずは、この問題から始めて、実験していきましょう」

彼らは自分たちの仮説を書きとめました。

> 講師がストレスを感じることなくすばやく講座のコンテンツをシステムに取り込むことができれば、講座の公開率を50%に、2つめの講座の作成率を30%に増やすことができる。

17.1 問題を理解する

プロダクトマネージャーは「顧客の声」と言われることが多いですが、多くのプロダクトマネージャーは外に出て顧客と話す量が不足しています。顧客の声になる活動に、まさか人と会って話すことが含まれるとは思っていないからです。インタビューには多くの準備が必要で、ときには、内部ですぐにA/Bテストを始めたりデータを調べたりするよりも大変そうに見えることもあります。ただ、データ分析は重要ですが、そこからは全体像はわかりません。問題の核心に触れるためには、私たち全員が実際に人に会って話すことが不可欠です。ギフ・コンスタブルは『Talking to Humans』という本のなかで、やり方を解説しています。

ユーザー調査、観察、アンケート、顧客フィードバックはどれも、ユーザーの視点から問題を深く調査するために使えるツールです。ユーザー調査と、プロトタイプやウェブサイトを見せてユーザーに操作してもらうような**ユーザビリティテスト**を混同しないようにしてください。ユーザービリティテストはソリューションが実際に問題を解決するかどうかではなく、ユーザーが簡単にソリューションを使えるかどうかを

確認するものです。こういった調査を**検証的調査**と呼びます。

問題ベースのユーザー調査は**生成的調査**であり、その目的は解決したい問題を見つけることです。これには、顧客の問題の原因を特定し、その状況を理解することが含まれます。マーケットリーがやったのはこれにあたります。チームは顧客のところに行って観察し、質問をしました。「講座を完成させる上での最大の問題は何ですか？　辛いのはどこですか？」と尋ねたのです。問題ベースの調査をする場合、顧客が苦痛に感じる箇所と問題の根本原因を特定することになります。顧客の問題を取り巻く状況を理解することで、問題解決のための優れたソリューションを作ることができるのです。そうしないと、単に推測しているだけになってしまいます。

根本原因を見つける前に問題を解決しようとする落とし穴にはまるのは簡単です。私たちは問題が何なのかがわからなくても、問題を解決しようとしがちです。私たちの脳はソリューションを考えるのが大好きなのです。ですが、これはビジネスにとってはリスクです。問題を根本的に理解していなければ、適切なソリューションを意図して作ることはできません。適切なソリューションにたどり着くのが運まかせになってしまいます。問題を理解するプロセスは簡単ではありませんが、効率的かつ効果的で成功しやすい方法なのです。

このモードで失敗しやすいのは、機能がないのが問題であると偽ることです。私はある会社と、何度も以下のようなやりとりをしたことがあります。

私「ユーザーのためにどんな問題を解決しようとしていますか？」
会社「カスタムダッシュボードがないのを解決しようとしています」
私「では……、どんなソリューションを考えていますか？」
会社「カスタムダッシュボードです」

ユーザーがダッシュボードを必要とする理由を聞くと、次のような回答が返ってきます。

顧客は、自分たちにとっていちばん重要な指標を毎日見たがっています。そうすればビルドによって何かが壊れていないかわかるからです。
顧客は、最新のリリースに向けた進ちょく状況と、自分に責任がある指標を上司に簡単に報告したいと思っています。
顧客は、プロダクトの目標を日次で監視したいと思っています。そうすれば次のステップが決められるからです。

これらはすべて、何らかのカスタムダッシュボードがあれば解決できる問題ですが、それぞれの場合でダッシュボードの作り方は若干異なります。1つめと3つめの場合、顧客が監視する指標を自分で選べるようなUIを作って、一定間隔で更新すればよさそうです。2つめは、ユーザーとして考えると、上司に報告するレポートを定義したり生成したりできる機能が欲しいはずです。どちらもできるソリューションを作ることはできるでしょうが、2つめの問題しかないなら多くの作業は省けます。

ソリューションのアイデアにこだわるのは簡単です。長い経験がある私でも、これに引っかかることがあります。私たちのオンラインスクールであるProduct Instituteの新しいアイデアを考えると、ワクワクしてすぐに作りたくなります。ほんの数か月前、シリコンバレーの最新の流行に乗る素晴らしいアイデアを思いつきました。チャットボットです。私たちのサイトにチャットボットを設置して、コーチのように質問に答えるようにしたら、受講者はそれに夢中になると思ったのです。私はすぐにそれを実装してテストする方法を考え始めたのですが、幸運にもプロダクトマネージャーのケイシー・カンチェリエーリが止めてくれました。「メリッサ、今は必要ないですよ。この機能が解決してくれる問題はないので」　彼女の言うとおりでした。たとえ将来的には良いアイデア（酷いアイデアのこともあります）であっても、今すぐ必要なものではありませんでした。散漫になっていたのです。

友人のジョシュ・ウェクスラーは「自分の赤ちゃんが醜いだなんて誰も聞きたくない」と言っています。これを避けるには、あまり執着しすぎないことです。チームの時間とエネルギーをたくさん使ってしまう前に、また、悪いアイデアに夢中になる前に、悪いアイデアは捨てましょう。代わりに、解決しようとしている問題を愛してください。

17.2　ユーザーはアプリケーションを欲しいわけではない

数年前、女性ビジネスコミュニティの創設者たちが、アプリケーションのアイデアについてのアドバイスを求めてやってきました。私は、彼女たちがプロセスのどこにいて、どんな問題を解決しようとしているのかを評価しようとしました。このアプリケーションのアイデアはどこから来たのでしょうか？　主だった人たちに詳しく聞いてみたところ、この企業はまったく違うアプリケーションを1年前にリリースしていて、ダウンロード率もとても高かったことがわかりました。そのためサイトの訪問者も多く、アクイジションに多いに役立ったそうです。

この会社は、新しいアプリケーションが多くの顧客ビジネスにつながると確信していましたが、解決しようとしている問題が適切なものなのかは誰も判断できていませんでした。そして、顧客が何を必要としているのかを理解しようとせず、とりあえずリリースに向けて機能の構築を急いでいました。

最初の日、私はプロダクトチームとリーダーシップチームに会って、新しいアプリケーションのアイデアを深く掘り下げました。今回は、Tinderのようなインターフェイスで、女性とビジネスメンターをマッチングさせたいと考えていました。元となる仮説は、キャリアのアドバイスや昇進のために、女性はすぐにメンターに相談できる必要があり、同じ都市にいるほかの女性と積極的につながりを持ちたいと思っているというものでした。チームはその仮説に重きを置いていましたが、私たちは一歩下がって、「メンターシップのためにこんな形で知らない人とつながるのを女性は心地よく思うのか？」という身も蓋もない質問をすることにしました。

私たちはその仮説を検証しました。多くの女性にインタビューし、メンターを見つけるのに苦労している人たちにアプリケーションのアイデアをぶつけました。残念ながら反応は芳しくありませんでした。「え？　それは……」というのが典型的な回答でした。見知らぬ人をメンターにしたいとは思っていなかったのです。仕事について詳しく話す必要があり、関係を築く前に何か共通のものが必要だと感じていたのです。こういった女性の多くは人づてにメンターを見つけていました。両親の友人、大学の同窓生、社交イベント、職場、ミートアップなどを信頼していました。つまり、スマートフォンでスワイプしてメンターを見つけたいとは思っていなかったのです。

このプロセスを通じて、顧客が何を求めているのか、何を求めていないのか、今はどんなやり方をしているのかが明らかになりました。彼女たちはすぐに、実際には顧客にとって適切なものを作っていないことに気づきました。もともとのソリューションがダメなのはわかりましたが、自分たちが適切な問題を解決しようとしているのかはまだわかっていませんでした。この事実が明らかになったあと、私はチームと協力してインタビューによる問題調査を行い、メンターシップやビジネスネットワークに関する女性の問題のいくつかを深く掘り下げて調べ始めました。

この経験のあと、チームは、調査や実験を通じて仮説を早期に検証すれば、将来多くのコストが節約できることを理解しました。チームはすでにプロダクト開発者に大金を払ってアプリケーションの開発を始めていましたが、別のアプローチによって1週間以内に是非を証明することができました。問題を早期に解決するという考え方を身に付けることで、適切なものを作るのに使える時間を大幅に増やせます。間違ったことを追求するのに時間を浪費していないからです。

17.3 思い込みを排除して創造的になる

多くの企業では、顧客と話すのが難しかったり、時には不可能だったりします。これは通常、官僚主義によるものです。このような状況では、創造的にならなければいけません。友人のクリス・マッツは企業の制約に対処する名人です。あるとき私に、顧客と会話できない状況で、会社のなかでどう動いているかを話してくれました。まず、彼はその規則を決めたと思われる人のところに行きました。すると、その人は本当に規則を決めた別の人のところに行くように彼に言いました。そうやってたどっていって、最後に、その規則を決めた人にたどり着いたのです。そして、その人は彼を見ながらこう言いました。「なんだって？　顧客と話してはいけないなんて言ったことはないんだが……。それをするならプロセスを通すようにと言っただけで、それも単にこのフォームに入力するだけだ」　次の日から、彼は顧客と会話を始めました。

情報はないよりあったほうがよいです。BtoCであれば、プロダクトを使っている友人や適切なバックグラウンドの人と連絡を取ることができます。BtoBの場合は、あなたの代わりに、セールスの人やアカウントマネージャーに営業電話やフォローアップミーティングの場で聞いてもらえばよいでしょう。いつもそれが可能とは限りませんが、多くの場合、既成概念にとらわれずに考えれば何か役に立つことを思いつくはずです。マーケットリーの場合は、登録の途中で離脱した人に直接連絡することはできなかったので、代わりにQualarooを使いました。

必要としている人にアクセスできるとしても、顧客調査に落とし穴がないわけではありません。すでに経験があるかもしれませんが、多くの人はすぐにソリューションに飛んでしまいがちです。「ああ、ここにXができるボタンがあればいいんです」のように言ってきます。プロダクトマネージャーは話を戻して、「なるほど。でも、それはなぜですか？　なんでボタンが必要なんでしょう？　なぜボタンが適切だと思いますか？　何を達成したいのでしょう？」と質問しなければいけません。これこそが、ボタンではなくユーザーのニーズを理解することであり、それによって問題の根本の理解に近づくことができるのです。

問題を解決するのは顧客の仕事ではありません。それを忘れないでください。適切な質問をするのがあなたの仕事です。

17.4 問題を検証する

話をマーケットリーに戻しましょう。クリスタとチームは問題検証の実例を学んでいました。

「ですから、コンテンツを簡単にすばやくシステムに登録できるようにすれば、講座の公開数を増やせるはずです。講座の作成を自動化したらどうでしょう？　全部のコンテンツをどこかに簡単にアップロードできるようにして、それをうまく取り込むんです」　クリスタはそう提案しました。

「うーん、おもしろいですけど、ちょっとニュアンスが違う気がします」とリッチは言いました。「たとえば、講師が入力する内容って定型化されていないですよね？項目もさまざまですし、技術的にも違いがあります。講座が一定のフォーマット、たとえば動画があって、テキストのブロックがあって……、みたいになっていなければできないように思います。この案は微妙だと思います」

クリスタはちょっと考えて、「確かにそういう気もしますが、どうでしょうね。講師はもっと自分でコンテンツをコントロールしたいかもしれないし、そうでないかもしれない……」と言いました。「講師がコンテンツの種類をカスタマイズしたいのか、一定のフォーマットに従うので構わないのか。理解するためにちょっとテストしてみませんか？　講師は講座デザインの専門家でこだわりがあるかもしれないですし、逆に私たちにガイダンスを提供してほしいと思っているかもしれないので」

私はそこに座って観察していました。彼らは正しい方向に進んでいましたが、本当に学習したいことを明確にする必要がありました。「カタに戻って、カタに沿って進めてみましょう」と私は言いました。「最後のステップで何を学習しましたか？」

「講師が抱える問題点を詳しく学習しました。講師がコンテンツをシステムに登録するのに苦労していることがわかりました。私たちのシステムがどう動いているかを理解するのが、最大のハードルになりそうです」

「いいですね」と私は答えました。「最後のステップを踏まえると、今はどういう状態でしょう？」

「目標を踏まえると、まだ元のところから進んでないですね」

「わかりました。では、目標に立ちはだかっている最大の障害は何でしょう？」と私はチームに質問しました。「次に何を学習する必要があるでしょうか？」

クリスタはしばらく静かに考えてこう言いました。「先に進むために次に学習すべきなのは、どうやってコンテンツのシステムへの登録というユーザーにとっての最大の問題を解決するか、なんでこれにそんなに時間がかかっているのかです。コンテンツがどう表示されることを望んでいるのか、形式にこだわりがあるのかどうかもわかりません。私たちにとっては楽ですが、テンプレートに従ってくれるのか、もしくは自分たちでコントロールしたがっているのかもわかりません」

「ソリューションの生成的調査が必要そうですね」と私は言いました。「つまり、講師はソリューションの何に価値を見いだすか、という質問に答えなければいけません。これは仮説を検証するというより、何がテストすべきソリューションなのかを理解することです」

「新しい講座を始めようとしている講師のうち5人くらいに連絡して、全部のコンテンツを私たちが代わりにシステムに登録する提案をしたらどうでしょう？」とリッチは言いました。「作業は自分たちでやります。そうすれば、どんな種類のものを登録しようとしているのかもわかります。テンプレートを使うテストもできそうですし、特定のフォーマットでコンテンツを提供してくれるかどうかも確認できます」

「それはいいですね」とクリスタは答えました。「最初はテンプレートなしで始めましょう。そうすればテンプレートに何を含めればよいかわかりますし。5人の講師を選んで、好きなフォーマットでコンテンツを上げてもらいましょう。それで、どんな種類のものを登録しているかわかります」

「良い方向に進んでいそうですね」と私は言いました。「学習したことがわかるのはいつになりそうですか？」

「代わりに登録するのに2週間くらいかかりそうです。その頃にまた集まりましょう」とクリスタは言いました。チームは仕事に戻って、実験を始めました。

彼らは、新しい講座を作り始めたばかりの講師20人に連絡を取って、コンテンツをシステムに登録するのに問題があるかを尋ねました。10人が問題ありと答えたので、「コンテンツを渡してくれれば、代わりにシステムにコンテンツを登録します。そのあと確認して好きに編集できます」と言ってサービスを提案しました。5人の講師が2週間一緒に取り組むことに合意してくれました。

チームは、講師にどんなフォーマットのものでも送ってくれるように頼みました。その結果、さまざまな形のものが集まりました。Dropboxのリンク、Google Docs、カリキュラムが書かれたスプレッドシート、Youtubeへのリンクなどもありました。いちばん驚いたのは動画です。講師は未編集のまま動画を送ってきて、どう編集してほしいか伝えてきたのです。オーディオファイルも別で来ました。

「まさか講師の代わりに動画の編集をするとは思いませんでした」とクリスタは言

いました。「完成したコンテンツを送ってくれるように頼んだと思ったんですが……」

リッチも同じように困っていました。「これをどうすればいいんでしょうね？　自分は動画の編集者でもないですし。コンテンツをシステムに登録するのに困っていると思っていましたが、コンテンツを自分で作るのに困っているとは思いませんでした」

マットはユーザーと長い時間一緒に過ごしていて、何が起こっているか理解していました。「思い出してください。講師はオンライン講座を作る専門家じゃないんです。カリキュラムを作るのは得意ですが、必ずしも動画を作るのが得意なわけじゃないんです。私たちは問題を間違って理解しているんじゃないでしょうか？　コンテンツをシステムに登録するところが問題なのではなく、コンテンツ、特に動画を作るところが問題なんじゃないでしょうか？」

チームのメンバーは顔を見合わせました。「この講師たちのフォローが必要ですね。もっと詳しく見ていきましょう」　彼らは外に出て講師たちと会って話しました。その結果、何度も同じ話を聞くことになりました。「サイトは最悪で、コンテンツを登録するのはかなり大変ですが、それが最大の問題じゃないです。コンテンツを作ること自体にかなり長い時間がかかっているのがいちばんです。動画の編集方法を学んだり、魅力的な動画を撮る方法を学んだりしなければいけないためです。もっと速く動画を作れるようになれば、半分の時間で講座を作れるようになります」

「うわぁ」　リッチは言いました。「本当の問題を完全に見落としていましたね。いずれフローを見直さなければいけないですけど、大きな問題は動画の編集だったんですね。これに対応するとしたら規模はどれくらいなんでしょうか」

チームが全講師を対象に調査したところ、動画制作こそが講師が抱える最大の悩みの1つであることが改めてわかりました。2か月以上動画の編集に時間を費やしている人もいました。講座の公開を終えていない講師のほとんどは、これは動画制作や編集に時間がかかりすぎたためだと言いました。ある講師はこう言っていました。「動画の作り方は技術的には知っています。でも、何が良い動画なのかを理解して、そのように編集するのは自分には無理です」　別の講師は「先週、動画を1本撮影したんですが、途中で何度も見直した結果4日も使ってしまいました」と言いました。

「やっと本当の問題が見つかりましたね」とリッチは言いました。

18章 ソリューションの探索

2週間後、私はチームに再び会って、何を学んだのか確認しました。

「目標を達成する上での大きな問題が見つかりました」とクリスタはにっこり笑いながら言いました。「講師たちは講座の動画編集に2か月で80時間以上使っています。なかには編集しなくていいように、何度も何度も動画を撮り直している人もいます」

みんなをとても誇らしく思いました。「問題を解決しようとしたら、もっと大きな問題が明らかになったんですね。次のステップは何でしょう？」と私は尋ねました。

「一部の講師の動画編集をこちらで引き受けると、講座の公開が増えるかどうかを実験しています」 クリスタはそう言いました。「チームはカタに沿って、次に学習することを決めようとしているところです」

「ほとんどの講師にとって動画編集が問題なのはわかってます。でも、その問題を解決すると講座の公開率が増えるかどうか学習が必要です」とリッチは言いました。

「完璧ですね」 私は言いました。「どうやって学習しようと思ってますか？」

チームは実験の範囲を絞りました。動画編集サービスを講師に提案して、週に10人の講師の手伝いを2週間続けました。マーケットリーではマーケティング部門で働く動画編集者が2人いました。2週間の実験のあいだ彼らに手伝ってもらう調整をマーケティング担当VPとするように、クリスタはカレンに依頼しました。マーケティング担当VPは快諾しました。与えられた時間のなかで、1週間あたり7つの講座を扱えると彼らは判断しました。

それを念頭に置きつつ、公開した講座から得られる収益もすでにわかっていたので、クリスタは成功の指標を1か月で最低10講座の公開としました。

実験を始めてから2週間経って、また私はチームが何を学習したのか確認しに来ました。

「予想どおりにはいきませんでしたが、多くのことを学習できました。たとえば、ほとんどの講師は、オンライン講座だとどんな動画が**よい**かも知りませんでした。なので、結局動画をおもしろくする方法をアドバイスすることにしました」とクリスタは言いました。

「それを踏まえて、ソリューションとして動画作成のガイドやテンプレートがあればよいのではないかと考えています」とリッチは続けました。

「結果がよかったのでこれを続けたいところですが、この実験は2週間で14人という規模以上にはスケールできません」とクリスタは言いました。

「まあ、そうでしょうね」と私は答えました。「今やっているのはコンシェルジュの実験です。これは本質的に高価です。手作業でやらなければいけないわけですから。仮説が検証できたら、ソリューションで意味があったところを学習して、これを持続可能なものにスケールする方法を考えなければいけません。これは大変な仕事になります。また講師に連絡して、講師が1か月以内にコンテンツを公開できそうか確認してみましょう」

チームは作業に戻って、講師にとって重要なソリューションコンポーネントの特定を始めました。

- うまく動画を作るためのガイド
- 喋っている動画とスライド、画像、音声、Youtubeの動画を組み合わせる機能
- 動画の上にテキストを表示する機能
- 動画の紹介スライド

また、どのような経験や要因がソリューションに影響を与えるかも考えました。

- 完成したものの管理
- 編集者から見た情報の取り出しやすさ
- 専門用語ではなくわかりやすい説明

チームがこういった要素を踏まえてサービスをスケールする方法を考えているあいだに、講座が公開され始めました。動画を編集してサイトにアップロードしてから1週間以内に、チームが支援した講師の半分は講座を公開しました。3週間後には12人の講師が公開しました。成功です！

18.1　学習のための実験

マーケットリーのチームは自分たちが取り組もうとしている問題には多くの不確実性があることを理解していました。動画編集は組織にとって中心的な価値提案ではなかったので、スケーラブルな方法で解決する方法を見つけるにはユーザーの観点で要件を深く理解する必要がありました。だからこそ、学習のための実験が重要だったのです。

企業は**学習のために何かを作る**のと、**収益のために何かを作る**のを混同することがよくあります。実験とは学習するために何かを作ることです。実験することで顧客をより理解できるようになり、問題解決に価値があるかどうかを証明することもできます。実験は長く続けるものではありません。もともと仮説が正しいか間違っているかを証明するものであって、ソフトウェアの場合でもできる限りすばやくやりたいのです。つまり作ったものは最終的には廃棄して、うまくいったのであれば、持続的でスケール可能なやり方を見つけなければいけないのです。

『リーン・スタートアップ』が出版されてからというもの、企業は実験のテクニックを取り入れてきましたが、多くの企業は間違った理由で取り入れています。みんな理想的なMVP（実用最小限の製品、Minimum Viable Product）を作ろうとしています。MVPは同書のなかで実験として取り上げられているにも関わらずです。私は、会社でMVPをどう定義しているかをTwitterのフォロワーに聞いたことがあります。多くの人が返事をくれましたが、ある人がうまくまとめてくれました。「最初のリリースで作るものは全部MVPである。複数の顧客にそう言われました」

このような考え方のせいで、ビルドトラップにはまってしまうのです。MVPを単に機能を早く手に入れるためだけに使うというのは、その途中にある素晴らしい体験の部分を手抜きでやってしまうことになります。つまり、学習する量を犠牲にしているのです。MVPのいちばん重要な部分は学習です。それが、私がMVPを「学習のための最小の労力」と定義しているゆえんです。

用語の誤解もあって、私はMVPという言葉をまったく使わなくなりました。代わりに、ソリューションの実験について話すようになりました。実験は企業がすばやく学習するのを助けてくれます。学習のために実験しているのであって、稼ぐために作っているのではありません。安定していて堅牢で、拡張性のあるプロダクトを作っているのではありません。実験を始めた時点では、何がいちばんのソリューションなのかすらわかっていないこともあります。そんなときこそ、こういった仕事の仕方をするのです。

プロダクトのカタは、みんなに学習のやり方を教えるための素晴らしいツールです。「次に何を学習する必要があるか？」という質問を常に投げかけます。これによってチームが軌道に乗って、適切な実験ができるようになります。

学習のための実験にはさまざまなやり方があります。コンシェルジュ、オズの魔法使い、コンセプトテストはソリューション実験の例です。それぞれについて簡単に紹介します。

これらはどれも長期的なソリューションを意図しているものではないので、顧客への露出を限定する必要があります。どの実験でも、その実験をいつ終わらせるかを考えておくことが重要です。実験に対する顧客の期待値を調整しておくのは、顧客の満足と実験が失敗したときのリスクの低減という点で重要です。なぜテストをするのか、いつどうやってテストが終わるのか、その次に何をするつもりなのかを説明するようにしましょう。実験のプロセスを成功させるにはコミュニケーションがカギなのです。

18.1.1 コンシェルジュ

マーケットリーが講師と一緒に行った実験は、**コンシェルジュ実験**と呼ばれています。コンシェルジュ実験では、手作業で最終的な成果を顧客に提供します。これは最終的なソリューションとは似ても似つかないものです。顧客は、あなたが手作業でやっていて、自動化されていないことを理解しています。私のお気に入りの実験の1つで、このやり方だとコーディングなしですぐに始められます。顧客と密に仕事することができるので、とても多くのフィードバックが得られて、しっかりした学習ループを作ることができます。

コンシェルジュの実験は、BtoB企業にとっては特に興味深いものと言えます。多くの企業が最初はこのやり方で始めて、まずは顧客の作業を手作業でやって、そのあとで自動化します。自分で作業することで、初めてソフトウェアを正しく作る方法を学習できるのです。また、機能をコード化するよりもすばやく安価に繰り返すことができます。プロダクトマネージャーとして働いていたとき、顧客について学習する実験でこのやり方を頻繁に使っていました。

あるSEO企業ではExcelを使って予測ツールをモデル化し、組織のキーワードがどこにランク付けされるかを予想しました。私たちはスプレッドシートを手作業でいくつかの顧客に配布して、反応を計測することができました。どんな種類の要因を顧客はコントロールしたいのか、どれくらいの正確性があれば顧客は安心できるのかを学習しました。スプレッドシートを1か月試してから、その機能のコードを書いてプロダクトに組み込んでリリースしました。とてもうまくいきました。

コンシェルジュの実験は非常に強力なツールになります。この方法で注意すべき点は、多大な労力が必要でありスケーラビリティを欠く点です。この実験は、定期的に連絡が取れて、フィードバックをたくさん貰えて、その情報を使って繰り返していくのに十分な数のユーザーまでにしておくべきです。マーケットリーがやったように、一定期間でどれくらいの人数を扱えるかは計算できます。ソリューションを多くの人に展開できるかどうかを確認する段階になったら、別の種類の実験を使うべきです。

18.1.2　オズの魔法使い

幅広い人にフィードバックを求めるために私がお勧めしたい方法は、**オズの魔法使い**と呼ばれるものです。オズの魔法使いのアイデアがコンシェルジュの実験と違うのは、それが本物で完成しているように見える点です。顧客は、裏側では全部手作業でやっていることを知りません。オズの魔法使いのように誰かが裏で糸を引いているのです。

ザッポスは実際に、このオズの魔法使いから始まりました。創業者のニック・スウィンマンは当時、本当に靴をオンラインで買ってくれるのかどうかを知りたいと思っていました。そこで、Wordpressを使って簡単なウェブサイトを立ち上げました。訪問者はそこで靴を見て、オンラインで買うことができました。ですがバックエンドでは、ニックが1人で走り回ってSearsで靴を買い、自分でUPSを使って発送していたのです。これを注文のたびにやっていました。インフラもなく、靴の在庫もなく、電話を管理する人もいませんでした。創業者が単に注文を待つだけのページでした。注文が来たらすぐに自分で処理していたのです。このアプローチを通じて、サイト全体を作ることなく、靴をオンラインで購入するという需要があることを確認しました。これがオズの魔法使いです。

これはフィードバックを幅広く集めたい場合に特に有効な手法です。かつて私が働いていたEC企業では、定期購入に関する仮説を検証するのにこのやり方を使いました。運営部長は既存の商品の販売を増やす素晴らしいアイデアを持っていました。ちょうどアマゾンがワンクリックで定期購入するサービスを始めた頃で、自分たちも同じようにできると考えたのです。私たちも毎月繰り返し注文を受けるような商品、たとえばプロテインの粉末やビタミン剤、サプリメントといったものをたくさん扱っていました。

彼は私のところにやって来て、それを実現するのにどれくらいの労力がかかるのか質問しました。残念なことに、私たちが使っていた外部の出荷管理システムは定期購入の商品に対応しておらず、開発にはとてつもなく長い時間がかかりそうでした。私たちはそれを全部実現するのにどれくらいのコストがかかるか計算し、本当に定期購入サービスがコストに見合う収益をもたらしてくれるのかを検証するためにオズの魔法使いによる実験を計画しました。

それから、定期購入の対象になりそうな商品全部を複製して、商品名に「定期購入」という単語を入れ、支払いのときにPDFで簡単な規約を表示するようにしました。顧客にとっては普通の定期購入の商品のように見えますが、裏ではカスタマーサービスのチームが毎月その商品の注文データを入れていました。ですが、数か月ほど収益を追跡したところ、多くの人が2か月めか3か月めには定期購入を止めてしまうことがわかりました。どうも変でした。ずっとその商品を使うなら、再注文が必要になってしまいます。

何人かに電話して聞いてみたところ、共通する問題が1つありました。「自分の買い物を自分でコントロールしたいんです。定期購入しているものが多すぎるので、自分で再注文するほうがいいんです」と言われたのです。これを受けて違うアプローチを試すことにしました。再注文が必要になりそうな商品を買った人たちに毎月簡単なメールを送るようにしたのです。収益が急上昇しました！　そして、最初に実験したおかげで開発費を100,000ドルも節約することができました。

オズの魔法使いの実験は顧客の目には本物のように映るので、 企業としてはそのまま長期間使いたくなります。ですが、バックエンドはまだ手動なので賢明ではありません。どちらの方向に進みたいかがわかったら、完全なソリューションを考えるか別の実験に移りましょう。

オズの魔法使いは、A/Bテストなどのテクニックと組み合わせることもできます。A/Bテストでは、トラフィックの一部を新しいソリューションに振り分けて、現状の指標から変化があるかどうかを確認します。A/Bテストはオズの魔法使いなしでも、新しいデザインやメッセージを試すのに使えます。ただし、A/Bテストをする場合は注意が必要です。

まだソリューションの方向性に確信が持てない場合や、統計有意になるくらい十分なトラフィックがない場合には、A/Bテストはふさわしくありません。後者の場合であれば、コンセプトテストと呼ばれるテクニックを使ってフィードバックを得るとよいでしょう。

18.1.3 コンセプトテスト

コンセプトテストはソリューションの実験のやり方の1つで、顧客との直接のやりとりに重点を置きます。ここでは、フィードバックを評価するために、ユーザーにコンセプトをデモしたり見せたりします。ランディングページや正確ではないワイヤーフレームから、本物と見分けのつかないようなプロトタイプ、サービスの動きを示す動画まで、やり方は多岐にわたります。メッセージを伝えるために、ソリューションのアイデアをできる限りすばやく軽量なやり方で説明するのが目的です。

この手の実験は検証的というより生成的であることに注意してください。問題調査と同じように、ソリューションの生成的な実験は、ユーザーがソリューションに何を求めているかについて多くの気づきを得るのに役立ちます。コンセプトをユーザーに見せるときは、ユーザーには実際に問題に遭遇しているときのことを想像してもらい、ソリューションが問題を解決するのかどうか質問します。

もし仮説の検証のために、コンセプトテストを検証的に実行したいなら、顧客へのインタビューの際に、成功や失敗についての絶対的な基準が必要です。私はこれを**質問**と呼んでおり、何らかの約束や、金銭的価値、時間、顧客が興味を持っていることを示す何らかの投資など、顧客から得たいことがそれにあたります。ランディングページはアイデアの披露であり、メールアドレスの入力という質問になります。

スタートアップ企業の多くにとって、コンセプトテストは早期の収益や資金を得るための方法です。Dropboxがファーストラウンドで投資を勝ち取ったのもこの方法でした[†1]。Dropboxは当初、ユーザーのために解決できる最大の問題は、インターネット経由で複数のコンピューターのドキュメントをシームレスに同期することだと直感していました。これが問題であることは間違いありませんでしたが、一方でソリューションを投資家に説明するのに苦労していました。投資家にDropboxがどう動くかを説明すると、すでに類似のツールがあることを理由に投資を断られました。どれだけ一生懸命ソリューションを説明しても、投資家は想像できなかったのです。

そこで、Dropboxはソリューションの実験に目を向けました。チームはDropboxができることを説明する簡単な動画を作ったのです。デモやプロトタイプではなく動画を作って、それがどのようなものなのかを投資家に見せました。まだプロダクトは

†1 "How DropBox Started as a Minimal Viable Product," TechCrunch. https://tcrn.ch/2PnoIfp.

でき上がっていませんでしたが、まるで本物のプロダクトのデモのようでした。投資家はそれを見て気に入りました。まるで魔法のようだったのです。Dropboxは資金を得て、さらに正しい方向に進んでいることも証明したのです。

18.2 ちゃんとした実験が不要なとき

最近実施したワークショップで、あるプロジェクトマネージャーから「こういった実験はいつもやらなければいけないのでしょうか？　修正が簡単な問題の場合はどうすればよいのでしょうか？」と聞かれました。答えはノーです。コンシェルジュ、オズの魔法使い、コンセプトテストはどれも素晴らしいテクニックですが、そこまで重たい実験が必要ない場合もあります。これらのツールは不確実性が高くて、それゆえにソリューションのアイデアのリスクが大きい場合に有用であることを覚えておいてください。

たとえば、オフィスのヘルプデスクにかかってくる電話の量を減らすための実験をしているチームと働いたことがあります。このチームは、本来あるべきボタンが画面に表示されていないという問題を見つけました。チームはさまざまな手法をとてもよく理解していたので、A/Bテストをして、片方にはボタンを表示して変化を計測しようと考えていました。私は、それは適切なやり方ではないことを伝えました。この例では、チームは問題もソリューションもわかっています。もう実装すればいいのです。事前のテストは必要なく、実際にリリースして電話が減ったかどうかを計測するべきなのです。

ソリューションがこの例で説明したボタンほどは明らかではなく、本章ですでに説明した例ほど漠然としたものではないことも多々あります。この場合は、完全なソリューションを作るのではなく学習のために何かを作るべきではありますが、プロトタイプなどほかのツールも活用できます。

プロトタイプはテストのツールのなかでいちばん一般的です。特定のユーザーフローや機能がユーザーの問題を解決して、望ましいアウトカムを達成できるかどうかを学習する必要がある場合は、プロトタイプを使います。プロトタイプはコードを必要としないという点で素晴らしいツールです。画面をつなげて画面遷移のフローを再現できるようなプロトタイプツールもたくさんあります。

ですが、プロトタイプを作るときにデザインスプリント（デザインする前のしっかりしたユーザー調査を含みます）のようなことをしないと、まだ理解していない問題を解決しようとして簡単に行き詰まります。問題自体を検証しなければいけない場合には、プロトタイプは無意味です。その場合、見た目は素晴らしくても学習にはなんの役にも立たない無駄な努力になってしまいます。これこそが、ソリューションに関する活動をする前に、問題の探索に集中すべき理由です。

どんな種類の実験でも適切なコンテキストのもとで適切な使い方をすることが重要です。すなわち、ソリューションのアイデアの前に問題を明らかにするときに、自分たちの創造性を発揮して独自の実験をしても構いませんし、そうすべきです。創造的でいましょう！　この段階での最大の目的は、稼ぐことではなく学習することです。それを忘れないでください。

18.3 複雑な業界での実験

学習のために実験するという概念を紹介すると、「いいですね。でもうちではできません」といった反応をされることがよくあります。しかし、これは間違っています。

もちろん、すべての業界でランディングページやオズの魔法使いの恩恵が受けられるわけではありません。こういったテクニックはBtoCのプロダクト向けだからです。ですが、あくまでこの2つの実験が難しいだけです。良い実験が学習を助けるのであれば、自分たちの制約にあったやり方を見つければよいのです。未知のことを知ればリスクが減ります。これは銀行のような官僚的な大企業でも、航空業界のようなプロダクト開発の期間が長い業界でも同じです。学習しないことに弁解の余地はないのです。

ウォーターフォールのプロジェクトであっても実験が含まれることはよくあります。スペースシャトルの開発を例にして考えてみましょう。この複雑なシステムを作るには何年もかかりますし、ハードウェアも含まれていますが、それでも実験が含まれています。パネルがエンジンの熱に耐えられるかどうかを確認するのは実験です。仮説を立ててテストし、それを繰り返すことで、適切な素材の組み合わせを見つけるのです。それがわかったら、スペースシャトルの部品として組み込みます。どんな業界でも、このようなやり方でプロダクトを作っていくことができます。

2014年にWayraというアクセラレーターでスタートアップのメンタリングをしていた頃、ロンドンにあるGiveVisionという会社の支援をしました。GiveVisionのミッションは、周りのものを読み取って認識し報告するデバイスを提供することで、目の不自由な人が「見る」ことを可能にするというものでした。「この人たちは文字どおり世界を救おうとしているのに、自分は何をしているんだろう」とひとしきり考えたあと、座って、この会社のプロダクト開発のプロセスについて話をしました。このプロダクトの開発は数年にわたるものでした。ソフトウェアはサードパーティの製造元と一緒にプログラムする必要があり、一度作ってしまうとデバイスに直接コードを埋め込んでいて更新もできないので、繰り返し開発することができないものでした。私はリスクの概念と、それを実験によってどうやって軽減するかを創業者と話しました。創業者いわく、最大のリスクは、デバイスに組み込むプログラムには多くの選択肢があって、どれにいちばん価値があるかは誰にもわからないことでした。そこで、実験を行うことにしました。

1か月後に訪問して、進歩に驚きました。潜在ユーザーのいちばんの関心を学習するために、いくつかのことをやっていたのです。まず、目の不自由な人がどう1日を過ごしているかを観察するなど、多くの調査をしました。チームメンバーは顧客の最大のフラストレーション、具体的な障害への対処の仕方、彼らがどんな情報を求めているのかを学習しました。

ある女性はこう言いました。「仕事に行くのに毎日決まったバスに乗らなければいけませんが、どのバスが停留所に来ているのかわからないので、全部を止めるしかありません。乗車して運転手に行き先を確認して、バスが違ったらすぐに降りるのです。降りるときに、待っているほかの乗客のため息を聞くことになります。バスが近づいてきたら路線番号が読めるといいのですが」

こんな話がたくさんあったのです。GiveVisionはこういった話や観察結果を踏まえて、解決すべきいちばん重要な問題を特定しました。そして、路線番号のような記号、栄養情報、通貨、色の読み取りを優先することにしました。

次に答えるべき問いは、「ソフトウェアはユーザーが満足する方法で、対象を認識して知らせることができるのか？」というものでした。これこそが難しい部分です。製造元でプログラムをデバイスに組み込むのに必要な時間はおよそ半年でした。この時間軸ではすばやく繰り返すのは難しく、毎回新しいデバイスを作るのにもコストがかかるという制約のもとで、GiveVisionは創造的になりました。

Androidのスマートフォンを使い、カメラをデバイスの代わりに使って同じことをやるプログラムを作ったのです。位置と高さを実物にあわせるために、3Dプリンターを使って頭に取り付ける「デバイス」を作り、そこにスマートフォンをはめ込みました。そうして、「デバイス」をユーザーに渡して1日着けてもらってテストしました。

図18-1のように私も試してみました。ちょっと馬鹿げて見えますが、うまくいきました！　歩き回ると、テクノロジーが通貨や色や記号を認識して、付属のヘッドフォンで情報を知らせてくれました。最高でした。不格好なものでしたが、GiveVisionのユーザーはこの新しい体験に興奮していました。彼らは、ソフトウェアが認識した答え、位置、タイミングを始めとして、さまざまなフィードバックを寄せてくれました。このちょっとした創造性のおかげで、何か月か何年もかかる製造工程なしで、多くのことを学習できました。

図18-1　GiveVisionの実験

ソフトウェアコンポーネントにおける顧客側のリスクが軽減されたあとに、GiveVisionは実際のデバイスのプログラム開発を始めました。半年後、最初の実験のときのものを上回る実際のデバイスのプロトタイプができました。そしてそれをもとに資金を集めて、さらに試行を繰り返したのです。

学習はリスクを軽減します。ソリューションの探索の目標は、すばやいフィードバックを得ることです。フィードバックを得るのに時間がかかりすぎると、お金を無駄にするだけでなく時間も無駄にします。間違ったものを作ってしまう機会コストはとてつもなく高いのです。どの業界やプロダクトでも未知のものがあります。そういった未知のものへの対処の仕方に創造性を発揮することが重要です。

18.4 内部プロダクトでの実験

「こういったテクニックを内部向けツールにも使う必要がありますか？」という質問をよく耳にします。答えは間違いなくイエスです。

私の2つめのプロダクトマネジメントの仕事は、本書で説明しているEC企業の内部ツールすべての開発を監督することでした。実際のところ、私はプロダクトマネージャーとUXデザイナーの両方の役割を持っていました。そのシステムを作ったことが私のキャリアの大きな転機になりました。それまでは、内部ツールは顧客が見ることもないので、体験やデザインはあまり重要ではないと考えていました。そして、機能をリリースすることばかりに注力していました。

こんな考え方で1年間過ごした結果、かなり酷い目に遭いました。ほぼ丸1週間自宅で仕事をしていたところ、上司からなぜオフィスに来ないのか聞かれました。そこでこう答えました。「たくさんの人が私のところに来て、ツールがわからないので代わりに商品をアップロードしてほしいと頼んできます。でも自分の仕事を終わらせないといけなくて、みんなのヘルプデスクをするのは無理なんです」　彼はちょっと考えてからこう言いました。「えっと、ツールの使い方がわからないのはその人たちの責任じゃなくて、あなたの責任なんですよ」

彼の言うとおりです。私はユーザーの問題を解決していませんでした。実際のところ、私のせいでその人たちの仕事は難しくなってしまっていたのです。

私は、外部のユーザーを持つプロダクトマネージャーと同じように、自分の仕事に取り組み始めました。問題を書き出して、それについて調査を行って実験し、ユーザーの仕事の仕方を踏まえるようにしたのです。コンシェルジュ、コンセプトテスト、たくさんのプロトタイプの実験をしました。この仕事はユーザーと一緒にやったほうが簡単だというのも学びました。ユーザーは同じビルにいるのですから。

こうやって働き始めて、私たちは大きな変化を目にしました。社内ユーザーの満足度が高くなって、以前は仕事をうまくこなすのが難しいと思われていたこのポジションの従業員の離職率が下がったのです。ユーザーは多くの仕事をこなせるようになり、信じられないペースで採用を続ける必要もなくなった結果、事業コストが下がりました。

内部ツールは軽視されることが多いですが、それでも企業にとって重要です。ほかのプロダクトと同じように扱わなければいけません。方向性を理解し、問題を明らかにして、その問題を詳しく知り、何が適切なソリューションかを学習しなければいけません。価値を実証する実験が終われば、最初のバージョンの作成と最適化に集中できるのです。

18.5 マーケットリーでの適切なソリューションの選択

動画編集が問題であることをチームが確認したあと、カレンはプロダクト担当VPとして選択肢を評価しました。多額の投資が必要になるので、リーダーシップチームからの了解を取るためにこの件を説明しなければいけませんでした。私は彼女とオプションについて話し合っていました。

「これは、自分たちで作るか、パートナーにやってもらうか、購入するかの意思決定ですね」と彼女は言いました。「フルタイムかフリーランスの動画編集者を雇ってサービスを提供することもできますし、自分たちで編集できるようなソフトウェアを作ることもできます。もしくは、使いやすい動画編集技術を買ってきて、講師向けのプラットフォームに組み込むこともできます。3つめのやり方がいちばんよさそうですが、講師が使いこなせないというリスクがあります。どんなものがあるか調査しなければいけませんね」

カレンは、クリスタのチームが実験中に見つけたソリューションに対応できる動画編集ソフトウェアを探し始めました。そして、そのとおりのことができるソフトウェアを持っている会社をブダペストで見つけました。このソフトウェアは、BGMを探して追加したり、簡単に動画をつなげたり、別々の音声を組み込んだり、動画に文字を追加したりすることができました。どれも簡単なインターフェイスでした。ですが、それでもユーザー側にリスクは残っていました。カレンは次の実験を計画するためにクリスタのところに行きました。

「ユーザーがこのソフトウェアを使って自分で動画を編集できるかを知る必要があります。前回は全部の作業をこちらでやったので」とカレンはクリスタに説明しました。「ブダペストの会社の動画編集ソフトウェアをユーザーに使ってもらって、操作できるか調べるという別の実験をしてくれませんか？」

「はい、それを進めます。前回と同じようにまた実験して、ユーザーが動画編集ソフトウェアを使えるか、使えるのであればそれで1か月以内に講座を公開できるか計測してみます」

チームは40人の講師に実験に参加してもらいました。そこには新しい講師と評判の良い講座を過去に公開したことがある講師の両方が含まれていました。まず、講師に対して、良い動画の作り方と、この動画編集ソフトウェアの使い方を30分で説明しました。それから講師に作業をしてもらい、質問があれば連絡するよう依頼しました。

最初の1週間でいくつかの質問が出ましたが、チームで対処できない問題はありませんでした。混乱の多くはソフトウェアのちょっと複雑なUXによるものでしたが、ちょっと助ければ講師は操作することができました。このソフトウェアを使う場合は、インターフェイスの一部の要素を見直す必要があることをチームは記録しておきました。

3週間後、チームは講座が登録され始めているのを目にしました。月末までに、40人中30人の講師が講座を公開しました。コンシェルジュの実験ほど公開率は高くありませんでしたが、動画編集ソフトウェアがない場合と比べると、公開率は25%以上増加していました。彼らは実験を成功と判断し、カレンは**表18-1**に示すようなプロダクトのカタのデータを使ってビジネスケースを整理し、シニアリーダーシップチームに持ち込みました。

表18-1 マーケットリーのチームのプロダクトのカタ

現状	学習すべきこと	次のステップ	期待値	学習結果
講座の公開率は25%で2つめを作成している講師は10%	講座を作る上でどんな問題に直面しているか	20人の講師へのユーザー調査	最大の問題の理解	ほかのプラットフォームからの講座の移行が難しい、コンテンツのインポート、音声ファイルの利用、推奨価格の提示
講座の公開率は25%で2つめを作成している講師は10%	コンテンツをシステムに登録するときにいちばん辛いこと	20人の講師と協力してシステムにコンテンツをアップロード	講座の公開に時間がかかっている最大の理由の把握	動画編集にとても時間がかかっている
講座の公開率は25%で2つめを作成している講師は10%	講師のほとんどが動画編集で苦労しているのか	規模を拡大して調査	100人の講師のほとんどが動画編集で問題を抱えている	講師の90%が動画編集が最大のハードルだと言っており、2か月以上の時間を使っている
講座の公開率は25%で2つめを作成している講師は10%	動画編集の作業を代行すると講座の公開が増えるのか	コンシェルジュの実験で講師の代わりに動画編集を実施	14人の講師から1か月以内に10の講座が公開される	月末までに12人の講師が公開。良い動画を作るための案内が必要
実験での講座の公開率は75%で、25%以上の増加	講師は動画編集ソフトウェアをうまく使えるか。それでスケールできるか	40人の講師にブダペストの会社のソフトウェアを使ってもらう	40人中20人の講師が1か月以内に公開	40人中30人の講師が1か月以内に公開

19章
ソリューションの構築と最適化

「ご存知のように、私たちの戦略的意図の1つは、個人ユーザーからの収益を2年で倍にすることです」とカレンはマーケットリーのリーダーシップチームに話はじめました。「サイトで関心の多い領域のコンテンツを増やすことで、ユーザーの新規獲得を増やし、既存ユーザーのリテンションを70%まで増やせます。結果として、個人ユーザーからの収益は年間800万ドル増える可能性があると考えています。クリスタのチームはサイトのコンテンツを増やす上での最大の問題を見つけました。講座を始めようとした講師のうち25%しか講座を公開しておらず、2つめの講座を公開したのは講師の10%しかいません」

「え！？　そんなまさか。そんな数字だなんて知らなかった。これは酷い」とCEOのクリスは叫びました。

「ええ、かなり酷いです」とカレンは同意しました。「主な原因は動画編集です。講師はマーケティングの専門家ですけど、動画編集の専門家じゃないんです。動画を編集するのに80時間以上使っている講師もいます。先月、この問題を解決するために2つ実験しました。使いやすい動画編集ソフトウェアを講師に提供することで、公開率を25%から75%にすることができました。以前にほかの講座を受講した人たちが、ここで公開した講座に関心を持っているという傾向も見受けられます」

「かなりよさそうだね。講師全員がこれを使えるようにするには、どうしたらいいんだろう？　実験でやったことをそのまま全員が使えるように実装できるんだろうか？」とCTOは質問しました。

「お金の面で、講師全員にライセンスを渡すことはできません。投資対効果が低すぎます。一方で、自分たちでこの機能を作るとなると、最初のバージョンをリリースするのに1年以上かかりそうです。実験で使ったソフトウェアはブダペストにある会社のもので、買収を提案したいです。そうすれば、この技術を私たちのプラットフォームにシームレスに組み込めます。うまくいけば、最初のバージョンを数か月でリリースできると思います。それまでは、短期的に講師の支援をするパートナーに入ってもらえばよさそうです」とカレンは締めくくりました。

「これをするとなると、どういうリスクがありますか？」とCFOは聞きました。

「ほとんどのリスクは排除しました」とカレンは答えました。「実験の結果、講師はブダペストの会社のツールのような適切なツールがあれば動画編集を自分で行って、実際に講座を公開してくれることがわかりました。ですから、講師の観点では、この問題は解決する価値のある問題で、ソリューションも機能することは間違いありません。ビジネスの観点では、この会社を買収するコストを計算しました。潜在的な投資対効果は高いです。これで開発チームに負担をかけずに済みますし、マーケットへの投入も早くなります」

「理にかなってるね。素晴らしい仕事だ」とクリスは言いました。「自分もこの問題を解決したいと思う。シニアリーダーシップチームを集めて、どうやって進めるのが最善か決めよう。そのあいだに、ブダペストの会社に連絡して、講師用に使う一括ライセンスを提供してもらえるようなパートナー契約が可能か確認しよう。このソフトウェアでうまくいくなら、みんなに使ってもらえばいい」

2か月後、マーケットリーはブダペストの会社に買収を持ちかけ、その1か月後に買収が成立しました。クリスタのチームは動画編集ソフトウェアを講師向けプラットフォームに統合するビジョンを示しました。

「私たちの動画編集ソフトウェアは、受講者が魅力的だと思うような動画を簡単かつすばやく作る手段を講師に提供します」とクリスタはチームに伝えました。「講師は自分の動画やほかの動画のコンテンツをつなげたり、外部音源を同期したり、BGMを探して追加したり、動画の上にテキストを配置したりすることができます。また、講師はどうやって魅力的な動画を作ればよいかを理解できるようなガイドも必要としています。それから、最終的にでき上がった動画をシームレスにアップロードする方法も必要です」

マットは、講師たちがプラットフォームの使い方を理解できるかを確認するために、カスタマージャーニーとプロトタイプを作りました。チームが動画編集ソフトウェアのバックエンドをマーケットリーのシステムに組み込んでいるあいだ、マットはそれらをテストしました。フィードバックを受けて、チームはどこから始めるか再検討しました。マットは、クリスタのビジョンと自分が作ったワイヤーフレームをまとめて、彼らが北極星[†1]と呼ぶドキュメントを作りました。

チームは、プロダクトマネジメント経験が豊富なコンサルタントのジェフ・パットンが作った**ストーリーマッピング**と呼ばれる手法を使って、全員が作業内容を理解しているか確認し、最初のリリースに向けて優先順位をつけました。そして、最初のバージョンでは重要度が低いコンポーネントをいくつか対象から外しました。

「いいですね。最初のバージョンに向けた作業はこれでよさそうです」とリッチは言いました。「すでにシステムに組み込み終わっているものもあるので、1か月くらいでできそうです」

「ええ。それで、最初のバージョンの成功指標を考えてるんですが、これでどうでしょう？」　そう言ってクリスタは3つの成功指標を説明しました。

- 1か月以内に、講座を作っている、もしくはこれから講座を作ろうとしている講師のうち75%が利用する
- 講座の公開率が25%から最低でも60%に向上する
- 新しい講座を作るのにかかる時間が3か月から1か月以内に短縮される

「リッチ、最初のリリースでこれらを計測できるか確認してもらえますか？」とクリスタは依頼しました。

「了解です」とリッチは答えました。「解析ツールで継続的に計測できるようになっているか確認します」

「いいですね！」とクリスタは言いました。「私は講師支援のチームとマーケティングチームと協力して、この新しいプロダクトのことやトレーニングについてどう講師に伝えるか検討します」

チームが機能を作り終わると、マットは数人の講師を集めて、彼らが自分のコンテンツで操作できることを確認しました。最初のリリースの日までそれを繰り返しました。

チームは自信を持って新しい動画編集機能を講師向けにリリースし、それがどう受け取られるかを見守りました。1週間もしないうちに、徐々にこの機能を使う割合が増えているのがわかりました。チームは定期的に講師に連絡し、新しい機能がどのよ

†1　訳注：いつも同じ場所に見えることから転じて、自分たちの中心としてブレてはいけないものを北極星と呼ぶ

うに受け入れられているかを確認しました。次のリリースで対応が必要になりそうな問題はいくつかありましたが、全体として順調に進んでいるようでした。

1か月後、クリスタはチームの成功指標と比較するためにデータを確認しました。「利用率は必要な水準に達していません」 彼女はチームに言いました。「最初の1か月で、この動画編集ソフトウェアを利用している割合は60%止まりでした。一方で、このソフトウェアを使った人の講座の公開率は、以前の実験のときの75%を超えています。目標に到達するためには、何が講師の障害になっているかを理解する必要がありますね。先月この動画編集ソフトウェアを使っていなかった講師に連絡して、理由を探ってみましょう」

チームが去ったあと、私はクリスタのところに行って話をしました。「プロダクトのカタが教えてくれたやり方で、引き続き問題を扱うのはいいですね」

「そうです。そうやって考えてます！」と彼女は言いました。「メリッサがいなくてもできるようになりました。いつも問題と学習すべきことを探しているんです」

「それが、プロダクトのカタが意図していることなんですよ」 私は微笑みながら言いました。「チームがここまで来たことをとても嬉しく思っています。これからも同じように続けてください」

チームは目標を達成するまで、この動画編集機能について反復を続けました。数か月後、結果がすべてを物語っていました。75%の公開率、講師の満足度、2つめの講座の公開数の増加。どれもが成功を示していました。

19.1 プロダクトビジョンを進化させる

クリスタのチームはプロダクトビジョンの実現に向けて繰り返すことで、スケール可能でうまくいくソリューションを見つけることができました。戦略のところで説明したように、戦略は実験を通じて進化しました。もしチームが早い段階で機能を決めてしまっていたら、顧客のための適切なソリューションを見つけることは決してできなかったでしょう。たぶん今でも講座作成のワークフローの再設計に行き詰まっていたことでしょう。そして、それが最大の問題ではないことがあとでわかるのです。

プロダクトビジョンの方向性が決まったら、全員がコンテキストと実行する作業を理解しているかどうかを確認することが重要です。ストーリーマッピングと北極星のドキュメントは、チームがビジョンに沿って作業を進める上で役立ちます。

北極星のドキュメントでは、チームと会社全体が見てわかるような形でプロダクトを説明します。これには解決しようとしている問題、考えられるソリューション、成功するために重要なソリューションの要素、プロダクトが生み出すアウトカムを含んでいます。

北極星は多くの人にコンテキストを与えるのに最適です。プロダクトに対する学習結果にあわせて、北極星も時間とともに進化していかなければいけません。気を付けなければいけないのは、これは実行計画ではないという点です。チームがどうやってプロダクトを作るのかというような内容は含みません。そこで登場するのが、ストーリーマッピングです。

ストーリーマッピングは、チームが作業を目標に沿った形で分解するのに役立ちます。パットンは、「自分たちの作業や価値を届けるために必要なことについてのコミュニケーションを助けるのが、ストーリーマッピングの目的である」と言っています。クリスタのチームは、ストーリーマッピングを使って、うまくいくソリューションを実現するのに必要なすべての要因を検討しました。これには、ユーザーの観点で必要な行動を扱いやすい単位に分割することも含んでいました。

チームとして理解を深めることで、プロダクトの開発は速くなります。すなわち顧客への価値提供のスピードアップにつながります。価値提供のスピードを犠牲にしたいと思う人などいないでしょう。向かう先がわかれば、バージョン1のリリースに向けて機能を削るのも簡単になります。これを成功させるには、常に全体像すなわち北極星から始めなければいけません。そうしないと、あなたを支えるものがなくなって、ビルドトラップにはまってしまうことになります。

19.2 作業に優先順位をつける

バージョン1に至るには、作業に優先順位をつけなければいけません。以前説明したように、優先順位づけはほとんどのプロダクトマネージャーにとって最大の課題です。**ベネフィットマッピング**や**狩野モデル**など、優先順位をつけるのに役立つ多くのフレームワークがありますが、私のお気に入りは遅延コストです。戦略的な観点で望ましいアウトカムを理解しているのであれば、早くリリースすべきものを決めるのに遅延コストが活用できます。

ドン・レイネルトセンは著書『The Principles of Product Development Flow』のなかで、作業の優先順位づけにおける遅延コストの重要性について説明しています。彼はそれを定量化すべき「唯一のもの」と呼んでいます。遅延コストはあなたが達成したいアウトカムに対する時間の影響を表した数値です。緊急性と価値を組み合わせることで、インパクトがわかるようになり、最初にすべきことに優先順位をつけられるようになります。

プロダクトの最初のバージョンを作ってリリースすることを考えるとき、そのリリースから得られる価値の総量と、リリースまでにかかる時間のトレードオフを考慮する必要があります。これは最適化の問題です。適切なタイミングで最大の価値を得られるように、スコープは削ってください。

スコープを広げすぎてリリースまでに時間がかかってしまうと、稼げたはずのお金を失うことになります。最悪の場合は、競合他社が参入してきてマーケットを奪ってしまうこともあります。そうなってしまうと、参入障壁が高くなって、あなたのプロダクトは競合他社と比べてとてつもなく優れたものでなければいけなくなります。一方で、時間だけを気にして、酷くてユーザーに利益をもたらさないようなものをリリースしたいとも思わないはずです。そんなことをしてしまうと、アーリーアダプターを失います。酷い目にあった人に戻ってきてもらうのはとても大変です。

クリスタのチームは、別の動画関連機能を最初のリリースに含める場合の遅延コストについて議論しました。多くのユーザーにとってそのコンポーネントは重要ではなく、その部分を作るのにはさらに1か月かかるため、それを含めないことにしました。リリースが遅れることはすなわち講座が公開されないことを意味するので、早期のリリースが理想的だったのです。

「だけど、それぞれのプロダクトの収益はどう計算したらいいの？」と思うかもしれません。オズレム・ユースとジョシュア・アーノルドは遅延コストの専門家で、遅延コストの定性的な評価法を作りました（**図19-1**）。

ここでは、それぞれの機能やコンポーネントについて、緊急性と価値の観点で議論します。緊急性が高い場合、機能を顧客にリリースしなければ目標を達成する機会が失われます。たとえば、顧客のニーズを満たしておらず、毎週顧客や収益が失われていくような状況は緊急にあたります。高価値とは、顧客のいちばん大きな問題を解決したり要望を満たしたりすることです。

マーケットリーの例では、緊急性と価値がいちばん高かった機能は音声の追加とコンテンツの結合でした。これらはソリューションにとって重要なコンポーネントのうちの2つで、最優先になりました。残りのものは最優先にはしませんでした。ほんの数人の講師しか使っておらず、それがなくても素晴らしい動画が作れるからです。そのため、緊急性と価値は低くなり、最初のリリースの対象からは外しました。

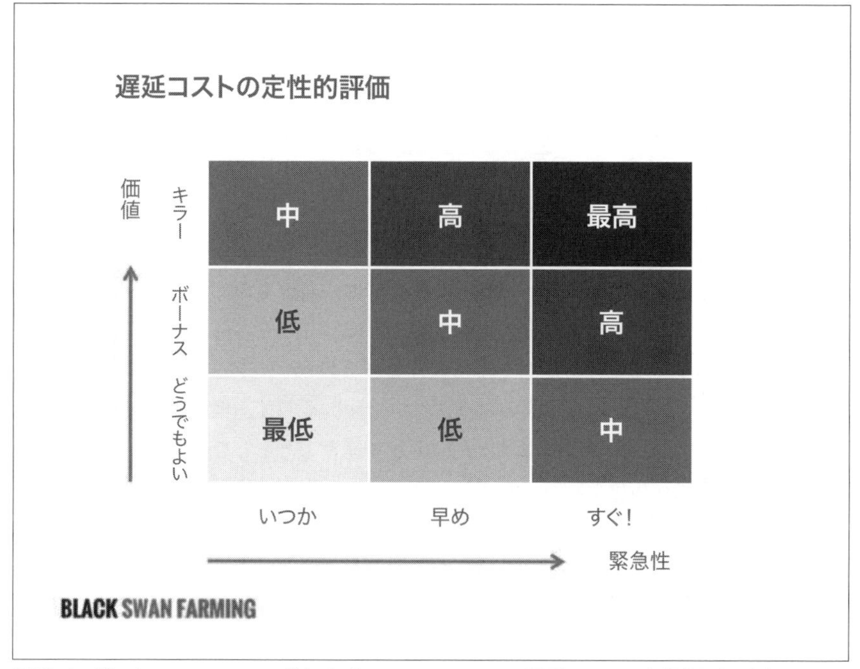

図19-1 ジョシュア・アーノルドとオズレム・ユースによる遅延コストの定性的評価（許諾を得て引用）

遅延コストは何を優先すべきで何を優先すべきでないかの議論を終わらせるのに役立ちます。さらに詳しく知りたければ、Black Swan Farming（https://blackswanfarming.com）にアクセスして、この考え方をあなたの会社で活用する方法について調べてみてください。

最初のバージョンのリリースが終わったからといって、技術的に完成しているわけではないことに注意してください。まだ、目標に向かって進まなければいけないのです。ここで、完成の定義が登場します。

19.3 実際の完成の定義

アジャイル開発には、**完成の定義**と呼ばれる概念があります。Scrum Allianceはこれを「ソフトウェアを作るのに必要な、価値ある活動のチェックリスト」と定義しています[†2]。チームが完成の定義を作る場合、リリースに必要な機能を作り終えることを中心に考えるのが普通です。これは、チームが必要なものを完成させるのに便利な概念ですが、完成した機能について誤った期待を抱かせます。

機能の開発や反復は、目標に到達したときだけ終了します。多くの場合、チームは機能の最初のバージョンをリリースしたら、ユーザーのアウトカムを計測することなく次のバージョンに取りかかります。『Sense & Respond』の著者ジェフ・ゴーセルフは、「バージョン2はソフトウェア開発における最大のウソである」と言っています。こういった考え方でいると、ビルドトラップにつながるのです。

そうではなく、マーケットリーのチームのように、リリース前に成功指標を設定して、そこに到達するまで、計測しながら繰り返さなければいけません。バージョン1は、ほかの作業と同じように仮説と見なすべきです。そして、機能をリリースした結果が目標に達していないのであれば、元に戻して違うことをしなければいけません。

リリースでの成功指標が設定されていれば、プロダクトのカタのなかでそれを活用して、本書で説明したようなステップを繰り返すことができます。成功指標を使って方向性を定め、そこに至る上で立ちはだかる問題を理解し、実験を通じて体系的にその問題に取り組んでいくのです。

新しい機能を作る場合でも、すでにあるものを最適化する場合でも、プロセスは同じです。新しいプロダクトではなく小さな機能であれば、問題を探索する時間軸も短くなります。同じことがソリューションの実験に対しても言えます。マーケットリーほど大がかりなものにはならないかもしれません。ですが、何があっても、いつも問題を見つけて、それを解決する方法を理解するように努めなければいけません。

このように明確な意図を持って作ることで、ビルドトラップから抜け出すのです。ですが、しっかりしたプロセスや戦略に加えて、優れたプロダクトマネジメントの取り組みをサポートしてくれる組織が必要です。クリスタがうまくいったのは、環境がそれを可能にしたからです。顧客とも話すことができました。チームはアウトカムを重視し、リーダーシップチームはアウトカムを達成する方法を考える余地を与えてくれました。

これらはプロダクト主導型の企業の特徴です。プロセスやフレームワークはあなたを成功に導くのに役立ちますが、企業の文化や方針、構造こそがプロダクトマネジメントで成功する上では重要です。

---

†2 Dhaval Panchal, “What is Definition of Done (DoD)?”, http://bit.ly/2Rjgh2i.

第V部 プロダクト主導組織

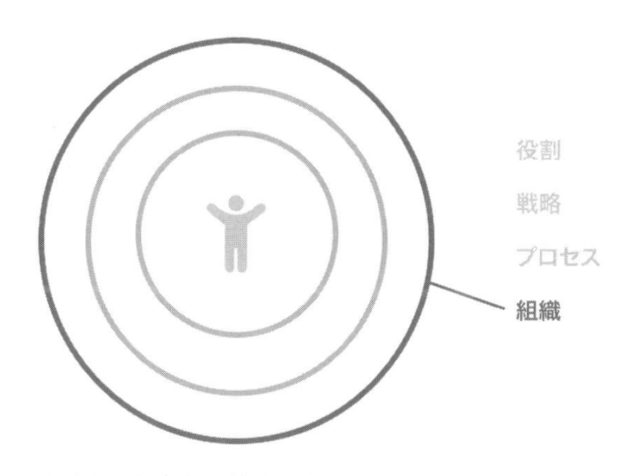

プロダクト主導組織の特徴は、アウトプットではなくアウトカムを中心にものごとを組み立てて理解する文化にあり、それにはアウトカムに応じて戦略を評価するリズムを企業が持っていることも含まれます。プロダクト主導組織では、従業員は学習と目標の達成をもとに報酬を受け取ります。マネジメントはプロダクトチームが顧客の近くにいることを奨励し、プロダクトマネジメントはビジネスを推進する重要な機能と見なされています。

「iPhoneは今後相当なものになると思います。カメラの技術を携帯電話に組み込む方法を本気で考えておくべきです」　私たちがそうコダックのチームに訴えると、参加していた9人全員が大きく頷きました。2008年、デジタル写真の領域で大きな転換が始まりました。そのあとコダックがどうなったかはみなさんご存知でしょう。破壊の実例として多く取り上げられています。当時私はそこにいて、組織がイノベーションを計画しないでいると何が起こるのかを直接目にしました。

その1年前、私はコーネル大学のイノベーションチームに選ばれました。チームは、イメージング分野の画期的なイノベーションを研究するコダックリサーチラボと提携して、20代前半の人たち向けの新しいプロダクトを作ろうとしていました。コーネル大学の大胆不敵なリーダーたちは、実際に作る前に顧客と話して問題を検証するという新しいプロダクトの作り方を実験していました。コダックは挑戦の準備ができていました。

プロジェクトが始まる数か月前の2007年1月9日に、スティーブ・ジョブズは初代のiPhoneを発表しました。みんな携帯電話でインターネットが使えることに夢中になっていましたが、コダックはあるデバイスのインターネットとカメラに注力していました。これはコダックのビジネスにとって危険な組み合わせで、すでに破壊の兆候が見え始めていました。数年前までは、デジタルカメラはまだ目新しいものでした。デジタルカメラを持っていけば、みんなの集まりもイタズラも記録することができました。ですがiPhoneの登場によって、かさばるデジタルカメラは家に置いて、携帯電話をカメラとして使うようになったのです。

携帯電話はとても便利で、撮影した画像をすぐにFacebookにアップロードすることができました。コダックのビジネスの中心であるデジタルカメラもフィルムカメラもマーケットが縮小し始めました。これはイノベーションか死かという状況です。当時の自分たちは知るよしもありませんでしたが、私たちのチームはその中心にいました。私たちのミッションは、マーケットが本当に求めているものとコダックが作れるものの接点を見つけることでした。私たちは会社のほかの部署からは独立していて、イノベーションラボには大きな視点でものごとを考える上での障害はありませんでした。官僚主義や、マネジメントが私たちのアイデアをダメにするのを心配することなく、自分たちのミッションを追求することができました。ですがその一方で、私たちはコダックのほかの部署で何が行われているかもわかりませんでした。自分たちの仕事が会社の全体的な戦略にどのように適合しているのかを私たちはまったく知りませんでした。

私たちが10代後半から20代前半の人たちをターゲットにしたのは、その世代がほかの年齢層よりも早く新しい技術を使い始めていたからです。インスタントメッセージングとFacebookが牽引役となって、大学生たちが殺到したのです。これらの技術はとても新しいもので、まだ満たされていないニーズを解決するチャンスがあると私たちは考えました。

マーケット主導型のイノベーションという単語は、私たちが自分たちのプロセスを説明するために作った造語です。その後数か月にわたってこの世代の人たちにインタビューを行い、コダックがイノベーションを起こせる機会を探しました。私たちが特に関心を持っていたのは、ターゲットの人たちが、実世界での関わりと新しい技術によるソーシャルなやりとりの間でどうバランスを取っているのかという点でした。私たちは調査グループを作って、行動パターンや関心事、ニーズを理解するために1対1の会話をしました。私たちは問題に没頭しました。

インタビューを始めるとすぐに傾向がわかりました。対象としたユーザーはFacebookで情報を共有するのに夢中になっていましたが、誰がこの情報を実際に見ることができるのかを心配し始めていました。技術は急激に進化していて、それが現実の生活にどう影響を与えるかはまだよくわかっていませんでした。私が土曜日の夜に酔っ払って駐車中の車に倒れ込んだところを雇用主に見られてしまうのでしょうか？　誰にもわかりませんでした。

もう1つのニーズは、ユーザーが最高の自分を世界に公開できるようにコントロールすることでした。「ほかの人に見せる前に、自分の写真を編集して見栄えをよくしたい」というのはよく耳にする言葉です。当時は、Photoshopが得意な友達に依頼して、代わりに写真を編集してもらっていたのです。また高画質の画像についての要求もありました。「携帯電話のカメラをもっとよくしてほしい」とか「デジタルカメラと同じ品質になれば家に置いてこれるのに」といったものです。

コントロール、写真編集機能、良いカメラといったニーズを受けて、私たちはコダックが解決すべき問題の完璧な組み合わせを見つけたように感じました。自分たちの事業領域と合致したもので、準備もできていました。自分たちの発見に自信を持って、マネジメントチームに報告しました。

「カメラ技術を携帯電話に組み込む方法を本気で考えるべきです」と私たちは言いました。続けて、画像編集についても検討すべきだと説明しました。コダックはPC用の画像編集ソフトウェアをすでに持っていましたが、携帯電話で簡単に**直接**編集できるようにすることを提案したのです。それができれば、ユーザーに響くと考えたからです。写真をすぐに共有できる機能を追加すれば、大きなチャンスになりそうでした。つまり、ユーザーは写真に位置情報をつけたり、うまく整理したり、見れる人をコントロールしたりできるようになるのです。

そして、私たちは2つのうちのいずれかの方法で進めることを提案しました。1つは、独自の携帯電話を作ってアップルやブラックベリーと競争する方法で、もう1つは携帯電話メーカーに直接技術提供する方法です。その日、私たちは爽快な気分でコダックをあとにしました。私たちは目の前にあるチャンスと緊急度を伝えました。単にコダックを支援するだけにとどまらず、私たち自身が、自分たちが説明したプロダクトを欲しかったのです。インタビューした人たちと同じくらい自分たちも必要性を感じていました。

今や、私たちが説明した内容は現実のものになっています。写真をネットワークで共有する前に、すばやく簡単に編集できます。携帯電話のカメラはとても高機能になり、もはや誰もデジタルカメラを使っていません。写真に位置情報をつけて、写真を見れる人もコントロールできるようになっています。ですが、この機能を作ったのはコダックではありません。Instagram、Apple、Android、Facebookでした。それで、この会議のあとどうなったのでしょうか？

コダックが2012年に破産申請する前に、一度だけコダックのことを耳にしました。このプロジェクトを実施するためのチームと予算の準備をいまだにやっているとのことでした。当時は知りませんでしたが、その後の10年間、さまざまな企業で何度も見かけたパターンでした。

コダックはイノベーションに向けて大きく前進しましたが、組織がそれを拒みました。コダックは戦略的ではなく、ずっと受け身でいたため脅威に対応できなくなっていました。小さなチームをイノベーションラボに隔離してしまったことで、将来のビジネスについて考えるのに十分な人員を割くこともできませんでした。

私たちのチームはプロダクトマネジメントの発見のプロセスを適切なやり方で実践していましたが、私たちはイノベーションラボというサイロのなかにいて、発見したことを実行に移すリソースもありませんでした。コダックは私たちの計画を実行に移すための予算をすぐに確保すべきでした。年度予算が決まるまで半年も待っていてはいけませんでした。組織としての考え方は、2000年代初頭以降の急速なイノベーションの世界で成功するような形にはなっていませんでした。

多くの企業がコダックのようになってしまう危険にさらされていますが、プロダクト主導の考え方を採用することでこの運命は回避できます。本書を通じて、私はプロダクトマネジメントの実践に必要なことを幅広く説明しています。適切な役割を用意し、適切な人を集め、良いプロダクト戦略のもとでその人たちを支援する重要性について話してきました。次に、その戦略を達成する機会は、プロダクトマネジメントプロセスによってどのように発見できるのかについて掘り下げました。

ですが、プロセスだけではビルドトラップから抜け出すのには不十分です。コダックの例で見たように、顧客を理解して良い調査をするために努力することはできますが、それを支える組織がなければ動きは小さくて遅いままです。本当の意味でビルドトラップから抜け出すには、マインドセットの観点でもプラクティスの観点でも、プロダクト主導組織にならなければいけません。**第V部**では、コミュニケーション、文化、方針、報酬など、変化が必要な組織の重要なコンポーネントについて詳しく説明します。

20章
アウトカムに着目したコミュニケーション

次の四半期のビジネスレビューで、カレンはチームの成果を話すことができました。

「この四半期で、私たちは動画編集ソフトウェアをリリースし、新たに150の講座が公開されました。どの講座もユーザーの関心が高い領域のものです。講座の公開によって、アクイジションが15%から25%に向上しました。リテンションも60%まで上がりました。目標に向かって順調に進んでいます。この戦略的意図に対するほかのチームの取り組みとあわせれば、1年半以内に目標に到達しそうです」

シニアリーダーシップチームはその結果をとても喜んでいました。この1年で会社には多くの変化があり、そのメリットが目に見えるようになってきました。

1年前、マーケットリーはビルドトラップにはまった企業の典型でした。プロジェクト志向で、CEOが優先順位をつけたもの全部に取り組むためにチームが作られていました。組織にプロダクトマネージャーはいませんでした。チームは顧客と会話することもなく、作り終わったソフトウェアをリリースすることで報酬を得ていました。こういった特徴は徐々に薄れていき、顧客中心でアウトカム中心の考え方に変わりつつありました。マーケットリーはまだプロダクト主導組織になる旅の途中ですが、順調に進んでいました。クリスは進ちょくを見て驚いていました。

「本当に驚いたなぁ」　四半期レビューの会議のあとで彼は私に言いました。「当時何を期待していいのかわからなかったけど、今は確実に進歩しているのがわかる。以前はとても苦労していたし、まだ解決すべき問題があるのはわかってるけど、なんでこのような働き方が理にかなっているのか理解できたよ」

「本当にうまくやってくれました」と私はクリスに言いました。「多くの企業は変革しようとしてもここまでは来られないんです。でもあなたは正しい行動をしてくれました。あなたを含め、シニアリーダーシップチームはアウトカムの重要性を理解しています。結果を見るのが何を意味するのかわかっていて、組織全体の戦略に沿って進めることのメリットも理解しています。通常、多くの企業はここで行き詰まって、ビルドトラップにはまってしまうんです。彼らはアウトカムが見えるようになるのを待てなくて、リリースした機能の数で進ちょくを計測するんです」

「正直なところ……」　彼は言いました。「多少不安にはなったけど、進ちょくレビューの会議が役に立ったよ。もっと頻繁に実施する必要があるように思う。そうすればアウトカムや活動の透明性がもっと高くなるからね」

「まさにそのとおりです」と私は答えました。「ケイデンスに沿って進めれば、一貫した時間軸のなかで、アウトカムを適切な階層、適切な人たちで議論できるようになります。ロードマップをもっと標準化すれば、進ちょく状況や今やっていることをみんながわかるようになります」

企業が変われない最大の理由の1つは、アウトカム志向になるのをリーダーシップが後押ししていない点にあります。リーダーは結果を出したいと言うものの、結局はリリースした機能の数を計測しています。なぜでしょう？　リーダーシップレベルでもチームレベルでも、ものごとが進んでいるのがわかればとても満足します。人はみな何かを達成していると感じたいものです。終わった作業にチェックをつけるのは良い気分ですが、それだけが成功の尺度ではないことを忘れてはいけません。そのため、違うレベルで進ちょくを伝えたり話したりするのに役立つ別の方法が必要になります。

レビュー会議がなければ、クリスはイライラしていたことでしょう。何が終わっているのか、それは彼にとって意味のあるものなのかを詳細に知ることができないからです。ほとんどの幹部はクリスと同じです。そのため、組織のすべての階層でコミュニケーションのケイデンスを持ち、参加者にあわせて進ちょくを見せることが重要になります。

20.1　ケイデンスとコミュニケーション

組織における可視性はとてつもなく重要です。リーダーがチームの現状を理解できれば、一歩下がってチームに実行を任せるようになります。11章の戦略的ギャップを覚えているでしょうか？　進ちょくを隠そうとすればするほど、知識のギャップが大きくなっていくのです。そうなると、リーダーはさらに情報を要求し、あなたの探索の自由を奪っていくことになります。ものごとを透明に保っていれば、多くの自由が得られて、自律的でいられるのです。

多くの企業が悪い習慣に逆戻りしているのは、組織全体の進ちょくをアウトカムの形で伝える方法を理解していないからです。リーダーは目標への進ちょくがわからないと、すぐに古いやり方に頼ります。

私たちには、戦略フレームワークに合致するコミュニケーションのケイデンスが必要です。4つの戦略レベル（ビジョン、戦略的意図、プロダクトイニシアティブ、オプション）を思い出してください。それぞれ違う時間軸を持っており、進ちょくはそれに応じて伝わらなければいけません。

私が一緒に仕事をした企業のほとんどで、進ちょくを評価しプロダクトレベルで戦略的な決定を下すための核となる会議をいくつか設定しています。

- 四半期ごとのビジネスレビュー
- プロダクトイニシアティブレビュー
- リリースレビュー

四半期ごとのビジネスレビュー会議では、幹部と最上位の職位の人たちからなるシニアリーダーシップチームは、戦略的意図とアウトカムについて財務的な観点で進ちょくを議論すべきです。これには、四半期の収益、顧客の解約、開発や運用に関するコストのレビューが含まれます。最高プロダクト責任者（CPO）とプロダクト担当VPは、プロダクトイニシアティブのアウトカムがどれだけ戦略的意図を推進できたのかを伝える責任があります。これはまさに、カレンがマーケットリーでやったのと同じです。現在の戦略的意図が終わりに近づいていれば、新しい戦略的意図がこの会議で決定されることもあります。一方で、この場は新しいプロダクトイニシアティブに優先順位をつけたり、その詳細を見たりする場ではありません。それはプロダクトイニシアティブレビューで行います。

プロダクトイニシアティブレビューも四半期ごとの会議で、開催時期はビジネスレビューとずらします。この会議は、プロダクト開発側のもので、CPO、CTO、プロダクト担当VP、プロダクトマネージャーが参加します。ここでは、プロダクトイニシアティブに対するオプションの進ちょくをレビューし、それに応じて戦略を調整します。この場では、プロダクトマネージャーが実験や調査、最初のリリースの結果について、全体の目標を踏まえて話します。プロダクト開発のリーダーシップチームが予算を承認したのを受けて、新しいプロダクトイニシアティブを紹介してフィードバックや賛同を得ることもあります。プロダクトチームは、最初のバージョンを作ったり既存のソリューションを最適化したりするのに必要な資金を要求することもできます。

リリースレビューは、チームが一生懸命やってきたことを見せて、成功指標について話す機会です。これは機能のリリース前に何がリリース予定なのかを紹介するもので、毎月行うべきです。この会議では、実施済みの実験や調査ではなく、リリース予定のものだけを伝えます。必須ではありませんが、ほとんどの幹部は、何が顧客にリリースされるのかを知るためにこの会議に出席しています。この会議は、内部でロードマップを伝える場にもなります。それによってマーケティングやセールス、幹部がロードマップを認識できるようになります。

すべての意思決定がこれらの会議で行われるわけではないことに注意してください。これらの会議は、進ちょくを示し、調査すべき危険信号を出すための手段です。意思決定は通常、会議のあとで必要になったタイミングで行われます。

20.2　ロードマップとセールスチーム

ロードマップに触れずにコミュニケーションについて話すのは不可能です。私が「ロードマップ」と言うと、プロダクトマネージャーはうんざりするのが普通です。企業はロードマップに苦しめられています。というのもガントチャートを作って、そこで「この機能は1月18日までにリリースし、もう1つの機能は3月20日にリリースします」と言っているようなものだからです。多くのロードマップが、顧客に対する約束として固定されていて変更できません。これでは、約束しすぎたり、リリースできないことがわかった場合に問題に巻き込まれたりしてしまいます。

ロードマップをガントチャートと同じものと考えるのではなく、プロダクトの戦略や現状を説明する道具と考えなければいけません。ロードマップとは、戦略的目標と仕事のテーマ、そこから生まれるプロダクトの成果物の組み合わせです。そのため、プロダクトロードマップは常時更新する必要があります。これはチームレベルで特に当てはまります。これこそが、Produx Labsではロードマップのことを「生きたロードマップ」と呼ぶ理由です。

ロードマップは万能ではありません。チーム内部で不確実性について話し合っているのか、顧客に伝える機能についてセールスチームと話しているのかによって、伝え方は変えなければいけません。聞き手にあったコミュニケーションを設計しなければいけないのです。

ロードマップの設定方法を説明した素晴らしい資料の1つに、トッド・ロンバードとブルース・マッカーシーの著書『Product Roadmaps Relaunched』があります。この本は、企業が優れたロードマップを作るための詳細で実践的なガイドです。

通常、ロードマップはいくつかの重要な要素で構成されます。

- テーマ
- 仮説
- 目標と成功指標
- 開発のステージ
- 重要なマイルストーン

どんな活動が行われているかを全員が理解できるように、開発ステージを表す用語の認識をそろえておくことをお勧めします。本書では開発ステージを4つのフェーズに分けます。

実験

このフェーズでは、問題を理解し、解決する価値があるかどうかを判断します。このフェーズのチームは、問題の調査とソリューションの探索の活動を行います。本番コードは作りません。

アルファ版

このフェーズでは、ソリューションが顧客にとって望ましいものかどうかを判断します。これは最小限の機能セットか、ちゃんとしたソリューションの実験です。プロダクトコードに組み込んで、少数のユーザー向けに提供されます。ユーザーは、ほかのユーザーより前に機能を使える一方で、これで問題が解決されなければ、機能が変更されたり削除されたりする可能性があることを理解しています。

ベータ版

このフェーズでは、技術的な観点からソリューションがスケーラブルであるかどうかを判断します。いつも必要とは限りませんが、リスクを軽減するのに適しています。このリリースはアルファ版よりも多くの顧客に提供されますが、それでも、まだテスト中なので一部の顧客だけが対象です。この時点では、このソリューションが顧客にとって望ましいものであることがわかっているので、技術的に不安定でない限り機能が削除されることはありません。

一般提供（GA[†1]）

このフェーズでは、すべての顧客がソリューションを幅広く利用できます。セールスチームは一般提供となったプロダクトについてはオープンに話せます。プロダクトは、できる限りたくさん売って構いません。

用語の認識をそろえるのは、リーダーとのコミュニケーションに役立つだけでなく、ビジネスのほかの部分にも役立ちます。できの悪いロードマップは、プロダクトチームとセールスチームのあいだの緊張関係を大きくしてしまいます。もし、プロダクトマネージャーが私に「セールスチームは嫌いだ」と言うたびに私が5セント貰えたとしたら、本書の執筆はしなかったでしょう。南太平洋の島を買って、一日中ココナッツジュースを飲んでいたはずです。ですが、悲しいかな、文句は本物の通貨ではありません。

ソフトウェア開発の変わりやすさを踏まえると、開発の状況を伝えるのは恐ろしいですが、それでも必要です。プロダクトマネジメントはセールス戦略の立案と実行を可能にします。**第I部**で説明したように、セールス主導型組織は、戦略の整合性を欠く可能性があるため危険です。ですが、それでもセールスには売り物が必要です。顧客に伝えられるワーキングアグリーメントやロードマップを作れば、プロダクト開発とセールスのあいだで良好な関係を築けるようになります。GA予定のものやベータ版のものをセールスロードマップに含めることで、セールスチームと合意できるはずです。

ワーキングアグリーメントやミーティングのリズム、ロードマップを使ってうまくコミュニケーションすれば、組織の足並みに関する多くの問題を解決できます。これ

†1　訳注：外資系のソフトウェア会社がよく使う単語で、Generally Availableの略

は特に、企業がセールス主導からプロダクト主導になるのに役立ちます。ですが、これを全部まとめるには多くの労力が必要です。これが、プロダクトオペレーションチームが必要な理由です。

20.3 プロダクトオペレーション

企業が一握りのプロダクトチームで構成されているなら、何が起きているのかを追跡するのはとても簡単です。リーダーはプロダクトマネージャーのところに歩いていって、目標に向けた進ちょくを知ることができます。プロセスは通常、チームレベルで決定します。調整は大きな問題ではありません。

ですが、プロダクトチームが複数チームになると、進ちょくや目標、プロセスの追跡が難しくなっていきます。これは、クリスが説明してくれた進ちょくが見えないことに対するフラストレーションそのものです。戦略と目標を展開し、実験の成功を理解し、進ちょくを報告することは、マーケットリーのプロダクトリーダーにとっては大変な仕事でした。彼らはプロダクトの成長に集中する必要があり、運営関連の作業はとても邪魔でした。

作業を分散させるために、私たちはプロダクトオペレーションチームを作りました。そのチームはCPOに報告する事務局長が運営しました。事務局長は2人からなる小さなチームを作って、運営と報告作業を合理化しました。このチームは戦略のケイデンスを監視しながら、分析パートナーにトラッキングを設定してもらって、目標に向けた進ちょくを収集し、それを幹部向けの報告にまとめました。これによって、プロダクトの担当者は自分たちの得意なことに集中できるようになり、一方でプロダクトオペレーションはレポートを提示することで、プロダクトチームが十分な情報にもとづいて意思決定できるように支援しました。

組織が大きくなれば、同じことを大規模に行う必要があります。私たちはこのチームのことを**プロダクトオペレーション**と呼んでいます。成長段階の企業では、CPO直下の事務局長がこのチームを管理します。大きな組織でも、プロダクトオペレーションチームはCPOに報告しますが、そこではVPレベルのような全体を監督する経験豊富なリーダーが必要です。このチームは、プロダクトチームが成功するために必要なすべての運営関連の作業とプロセス関連の作業の合理化を担当します。これには、次のような作業が含まれます。

- それぞれのチームの目標とアウトカムに対する進ちょくを表すデータを自動かつ合理的に収集する仕組みを作る
- プロダクト組織全体の目標、アウトカム、ロードマップ、進ちょく、キャパシティー、コストに関するレポートを作り、これらの活動が財務に与える影響を整理する
- プロダクト分析のプラットフォームを用意して、組織全体のプロダクトエンゲージメント指標に関するレポートを作る
- 戦略のケイデンス、実験の追跡とフィードバック、プロダクトの機能に関する文書、データ収集、目標設定、ロードマップの作成と維持、セールス支援など、複数チームをまたがるプロセスを標準化する
- 戦略策定、戦略展開、リリースといった重要なプロダクト会議を運営する
- プロダクトチームに対してコーチングやトレーニングを行う

このチームのポイントは、チームメンバーがプロダクトを作る上でどう一緒に働くかを規定するのではなく、作業のインプットとアウトプットの基準を作る点にあります。たとえば、このチームはプロダクトチームの代わりにロードマップを作ることはありません。このチームは、目標、テーマ、進ちょく、詳細を入力するようなシステムやテンプレートを作ることで、組織全体でそれらを共有できるようにします。また、チームがユーザーと会話して構わないかどうかを決定することもありません。どのユーザーを実験のターゲットにするかを決めるのに役立つシステムを作っているのです。

プロダクトオペレーションチームは、プロジェクトマネージャーとプロダクト担当者の組み合わせで構成する必要があります。さらに、このチームに開発者を数人割り当てておくとよいでしょう。そうすることで、必要に応じてサードパーティのツールと連携させたり、個別の目的にあわせて独自ツールを作ったりできるようになります。

私が一緒に働いていた350のスクラムチームがある会社で、プロダクトオペレーションチームを作ったことがあります。それまでは、リリースやテストについて何ら標準化は行われておらず、目標を示すこともできていませんでした。CPOはフラストレーションを溜めていて、適切な情報がなければポートフォリオに関する意思決定ができないと感じていました。

チームを作ったとき、私は新しいプロダクトオペレーション担当VPにこう言いま

した。「成功すれば、チームは自動化されます」　プロダクトマネージャーとしての彼女は、それを理解できたようでした。このチームは大きくなるべきチームではありません。自動化、合理化、最適化に特化した効率化のエンジンなのです。この領域でやるべきことはたくさんあるので、チームがなくなることはないでしょうが、必要以上に拡大しようと思ってはいけません。

プロダクトオペレーションチームはプロダクト組織を大規模に運営する上で不可欠なコンポーネントです。このチームがあることで、組織の良好なコミュニケーションと連携を促進します。ですが、こうしたことだけで自動的に、組織全体のプロダクトマインドセットを生み出すことはできません。アウトカムを報告するだけでふるまいが変わり始めることもありますが、壁にぶちあたる企業も多いのです。それは、評価のやり方をなにも変えずに、プロセスだけを変えているからです。

21章
報酬とインセンティブ

報酬とインセンティブは、従業員の動機づけになります。プロダクト主導に移行しようとしている企業で見かける最大の問題は、現在の報酬体系に目を向けていないことです。これでは、正しい行動を確実に促すことはできません。

私は、全員のボーナスが会社のスコアカードにもとづいて支払われる会社と一緒に仕事をしたことがあります。その会社は毎年年次計画を立てて、何を達成したいかを決定し、それをスコアカードに追加しつつ、作業を人に割り振っていました。スコアカードの項目の多くは、達成すべき目標ではなくリリースする項目になっていました。プロダクトリーダーにどうやって成功を計測するのかをインタビューしたとき、プロダクトリーダーたちはみんな笑いました。「12月に何をするか知りたいんですか？　やっていることを全部止めて、スコアカードを見るんです。1年前の計画で考えたほどは重要じゃなくて、まだリリースしていない項目があったら、そこから要求を満たすものを作り始めます。チェックボックスにチェックを入れるためだけに、時間内にガラクタを作ってリリースするんです。1月になったら、全部の時間をそのコードを捨てるのに使います。それでも、3月に全員がボーナスを貰えるんです」

目標を達成して給料のかなりの部分を占めるボーナスを貰うために、ほぼ全員が1年のうち1か月を無駄にしていました。どう見ても不幸です。

プロダクトマネージャーが「目標が何なのかは重要じゃないんだ。ただこの機能をリリースすればいいんだ」と言っているのを私が聞いた回数を知ったら、あなたはショックを受けるはずです。優秀なプロダクトマネージャーでも同じです。素晴らしいプロダクトを作りたいと思っていても、現在の環境ではそれは無理だと信じ込んでしまいます。プロダクトの作り方として間違っているとわかっていても、会社の方針によってビルドトラップにはまることを余儀なくされるのです。

顧客の問題を学習して解決するのではなく、プロダクトをリリースしたという事実を生計と結び付けてしまうと、みんなビルドトラップにはまります。これはまた、新しいことへの挑戦を恐れることも意味します。この考え方はイノベーションを阻害します。多くの人は、トレーニングを受けて、良いプロダクトマネジメントの原則に沿って仕事をしたいと思っていますが、一方で、そうすることでお金を稼げなくなるのではないかと恐れています。大企業の変革のなかで新しい働き方に責任を持ってもらうのであれば、なぜ時代遅れのやり方で成功を判断するのでしょうか？

組織のCxOの人たちやリーダーがインセンティブのルールを決めるので、こういったことのほとんどはプロダクトマネージャーの範疇ではないと考えてしまうのは簡単です。ですが、それは真実ではないこともあります。まずは押し返してみてください。怖いのはわかりますが効果もあります。かつて、私はあるプロダクトマネージャーをカンファレンスの自分のワークショップに参加させたことがあります。その終わりに彼女は私のところに来て、自分は間違ったものを作っていると思うと言ってきました。「上司に言いたいと思いますけど、怖いです。担当のプロダクトを作るべきじゃないと言ったら、仕事がなくなるかもしれないんです。リリースしないとボーナスを貰えないんです」

私たちは組織の方針に対するアクションプランを話し合い、彼女は戻って自分の上司に問題を伝えました。部門の戦略を分析し、作っているプロダクトが良いアイデアではないことを示すデータがあることを説明しました。上司はそれを聞いて同意したのです。そして、そのプロダクトを今後2か月のうちにやめる方法を考えました。彼女は結局もっと重要なプロダクトに移り、チームでの立場も上がりました。Win-Winの結果になったのです。

立場が上でなければ多くの方針を変えるのは難しいですが、みんなのマインドを変えて、上位の人たちにメッセージを伝えてもらうことはできます。これによって適切な対話が始まります。本当の成功とは何なのか、あなたの上司と話してみてください。成功したことがわかる指標を定義してみてください。このフレームワークを使って、レビューでの会話のきっかけを作ってください。そして、いつもデータを用意しておいてください。

報酬やインセンティブはプロダクトチームの行動だけでなく、組織のほかの部分にも影響を与えます。特にセールスです。ほとんどのセールスチームは、契約の締結や収益の獲得のようなセールスに関する責任を負っています。多くのチームは、給与のかなりの部分を占めることの多いコミッションの数字を上げるために、過度に約束してしまいます。

私は、セールス部門がロードマップを誇大宣伝して、開発が2年も遅れているチームと働いたことがあります。顧客は怒っていて、解約率も高くなっていました。さらに、セールスチームが数字を上げるために、間違った顧客をターゲットにしているのも見かけました。こういった顧客はすぐに離れていってしまいました。私たちはセールスにインセンティブを与えたいと思っていますが、コミッションに過度に依存しないように給与構造を見直すことでこのリスクを軽減できます。リテンションを成功指標と結び付けることで、適切な人をターゲットにできるようになります。

もしあなたが会社のリーダーなら、今こそインセンティブを与える方法を見直すべきです。アウトカムの達成、ユーザーの理解、適切なビジネスチャンスの発見といったビジネスを前進させる活動に対して報酬を支払うようにしましょう。結局のところ、それ以外は虚栄の指標にすぎません。

22章
安全と学習

イノベーションを妨げる報酬構造に加えて、組織の文化は大きな役割を果たします。チームの成功をアウトプットだけで判断しているわけではないかもしれませんが、それでもチームが新しいことに挑戦しようとしないこともあります。なぜでしょう？　その場合、組織のなかに失敗して学習できるだけの十分な安全性がないのかもしれません。

マーケットリーが成功したのは、チームが実験をしているあいだ、CEOやリーダーはイライラしつつも口出しせず待っていたからです。プロダクトマネージャーは組織から一定の信頼を得ていなければいけません。そうすることで、さまざまなオプションを実験する余地が生まれるのです。本当の意味で限界を打ち破るために、チームは見るからに突拍子もないことでも挑戦します。それはあなたが当初考えたソリューションとは違うかもしれませんし、チームも最初から答えをすべて持っているわけでもありません。ですが、チームがこの危険な道を探検することを許されなければ、現状を変えようとはしません。

現状は安全です。現状を維持することでイノベーションは阻害されます。

これは、私たちは壮大な失敗をするべきだという意味ではありません。リーンスタートアップの台頭を受けて、私たちはアウトカムに注目するようになり、失敗を祝うようにもなりました。はっきり言っておきます。失敗しても、そこから学習しなければ成功ではありません。学習はすべてのプロダクト主導組織の核となるものです。学習は組織を前に進めるものでなければいけません。

大がかりなやり方ですべてのお金と時間を費やすよりも、小さくすばやく失敗して、そこからうまくいきそうなことを学習するほうがよいのです。これこそが、プロダクトマネジメントにおいて問題の探索とソリューションの探索を行う理由です。これによってマーケットでの失敗リスクを減らすのです。

ときには、とても大きな失敗をすることもあります。そのような状況にどう対応するかが本当の意味での企業文化を決めるのです。私の好きな話として、Netflixが会社を2つに分割しようとしたときの話があります。Netflixは2011年にDVDのビジネスをQwiksterという別会社に切り離そうとしました。これは大失敗でした[†1]。ユーザーはとても怒って、サブスクリプションをキャンセルし、批判的な記事を書いたのです。多くの記事がNetflixを批判し、この大失敗で会社が終わることになると書いていました。Netflixはすぐに対応して、変更を取りやめました。

Netflixはこの失敗から立ち直ることはできないと思った人はたくさんいましたが、今のNetflixを見てください。CEOは謝罪し、Netflixの選択は自分たちの戦略にそぐわないものであったことを説明し、卓越したオンデマンドエンターテイメントによって顧客を満足させるという原点に戻ると言いました。Netflixは立ち直ってビジネスを続けました。そして、決してその失敗の経験をイノベーションの抑圧のために使うことはありませんでした。それから数年後、Netflixは自分たちでTV番組を制作しました。これは大きな実験でした。これらのことからはっきり言えることがあります。Netflixは安全かつイノベーティブな場所であり、限界を打ち破っているのです。

多くの企業は、従業員にイノベーティブになってほしいとか、すごい新プロダクトを作りたいなどと口にします。ですが、イノベーションのためには失敗しても安全であるという理解がなければいけません。会社に安全性が組み込まれていなければ、プロダクトマネージャーは新しいことに挑戦するのをためらいます。誰でもそうです。

企業はリスクマネジメントの話が大好きです。皮肉なことに、実験は究極のリスクマネジメント戦略です。早い段階から実験すれば、あとで何十億ドルも費やすことになるような失敗を防ぐことができるからです。Netflixの場合、Qwiksterについて予備調査することもできました。しかしそうせずに、検証していないアイデアに全力で取り組んでしまったのです。Netflixはすぐにフィードバックを受けて方向性を変えられたという点では幸運でした。ですが、どの企業にもそれが当てはまるとは限りません。

多くの企業はゆっくりと失敗します。プロダクトをリリースするものの、そのプロダクトが何か成し遂げたかどうかは計測しません。プロダクトを置きっぱなしにし

†1 訳注：DVDをレンタルするには新たに会員登録が必要なこと、同時に月額料金も値上がりしたことから批判が相次ぎ、80万人もの会員がサービスを解約した

て、価値を生んでいるかどうかもわからないまま、無数の機能という海のなかでゴミ拾いをしているだけです。これは失敗につながるとても危険でお金のかかるやり方です。10年がかりで失敗し、徐々にお金を使い果たして何も手に入らないというのは、小さな失敗を許すのと比べてとても問題なのです。

そうではなく、優れたプロダクト思考を取り入れて失敗の自由を与えれば、早い段階からすばやく、目立たず、低コストで失敗できるようになります。このような失敗は奨励すべきもので、取り返しもつきます。

理想的には、プロダクトマネージャーはリスクを減らす人であるべきです。「いちばんお金がかかるのは、作るべき適切なプロダクトなのかを知らないで作ってしまうことです。作るべきものなのかどうか、自分たちは本当にそれが欲しいのかを確認するにはどうすればよいでしょうか？　多額の投資をする前に、自信を持って正しい方向に進んでいると思えるようにするにはどうしたらよいでしょうか？」などと言える人が理想なのです。リーダーはこういうことが言える余裕をみんなに与えてください。そうすることで、最良の結果を手に入れ、ビルドトラップを避けることができるのです。

また、リーダーの仕事は境界を設定することでもあります。リーダーはこう言うのです。「わかりました。実験を始めてもらって構いませんが、この実験に使えるのは100,000ドルまでです。それ以上は投資したくありません。何が起こっているのかわかったら来てください。それを聞いた上でお金の追加を考えます」

境界を作るには、さまざまな方法があります。私がよくお勧めするのは、20章で説明したように、アルファテストとベータテストで対象ユーザーを分けるやり方です。つまり、全員にプロダクトを使ってもらうのではなく、少数の代表的な人たちから始めて、そこから学習し、自信が持てるようになったら対象を広げるのです。こうすることで、幅広いユーザーにリリースするときに必要な広報活動を減らすことができますし、うまくいかない場合はロールバックもしやすくなります。

最初の実験は、リーダーやプロダクトマネージャーに限らず誰にとっても、とても恐ろしいものです。プロダクトマネージャーは、その恐怖を減らすための会話をしてください。実験によって想定される影響を上司に説明してください。どのようにリスクを軽減しますか？　どうすればお金を節約できますか？

私の最初の実験は、以前話に出た富裕層向けのEC企業でのものでした。CEOは自分たちの商品の宣伝に、有名人の個性を取り入れるという素晴らしいアイデアを持っていました。実現に向けてはまだ議論の余地がありました。最初のアイデアは、ホームページをTwitterのようなインターフェイスにして、有名人に気に入ったものを投稿してもらうというものでした。これが収益を伸ばすのに役立つのか確認するために、私は実験することにしました。

私たちは2日使って、こういった投稿が役に立つのかをテストする簡単なものを作りました。そして、データを集めるのに足りるくらいのごくわずかなユーザーで、その機能をテストしました。その週の終わりに、収益は伸びなかったことがわかりました。私たちは、メールを使ってファンとコミュニケーションするという別のアプローチに切り替えて試すことにしました。このやり方で収益は3倍に伸びました！ 最初の案をそのまま実行したときにかかるコストを計算し、その数字を2つめのアイデアにかかるコストと比較しました。そして、CEOのところに行って、こう説明しました。「この仕事のやり方で、250,000ドル節約できて、収益も3倍にできました」CEOはとても喜んでいました。大金を節約できただけでなく、目標の何倍もの成果が出たのですから当然です。

このような仕事のやり方の重要性をちょっとした形で示すことで、私は組織からの賛同を得て、必要な安全を得ることができました。すべての実験が成功したわけではありませんが、このアプローチがどれだけ私たちが最終的に選んだソリューションのリスクの軽減に役立つかを伝えることで、組織は私を信頼して進めさせてくれたのです。

あなたがプロダクトマネージャーなら、どうやったらメッセージが上司に伝わるか、このやり方で仕事をすることでどうやったら信頼が得られるのかを考えてください。あなたがマネージャーなのであれば、新しい働き方も有益である可能性に目を向けてください。そして、プロダクトマネージャーにノーと言うのではなく、境界を作る手助けをできるようにしておいてください。最後に、あなたが幹部なら、どうすればみんなが学習できる安全な場所を作れるか考えてください。

23章
予算編成

組織で、アウトカムよりもアウトプットを重視してしまう考えをもたらす要素の1つに、予算編成のやり方があります。あるグローバル金融サービスの会社のCTOが私にアドバイスを求めたことがあります。彼は、組織で出世していくうちに、直面している問題の多くが予算編成の結果によるものであることに気づいたのです。

彼は私にこう説明しました。「毎年私たちは年次計画を作ります。マネジメントが、VP全員に何をするつもりなのかを尋ねます。それぞれのVPが自分のところのプロダクトマネージャーに事業計画書を作らせて、どれにお金を使うか選びます。事業計画書は少ないデータをもとに書かれていて、突飛な見積りが含まれていることもあります。VPたちはそれらをまとめて巨大な年間ロードマップを作り、それをチームに割り当ててプロジェクト予算をつけます。その年の終わりに、ロードマップに書かれた内容を提供していない場合には、翌年の予算が減らされます」

「メリッサ、これが何を意味するかわかりますか？」と彼は質問しました。「つまり、チームがプロダクトを安く作る方法を見つけたり、そのプロダクトは作るべきではないとわかったりしても、とにかく作ってしまうんです。予算を全部使わないとペナルティがあるからです」

狂気の沙汰です。年間ベースの予算のせいで、チームがその年の途中で方向転換する能力を完全に奪ってしまっています。組織自体が高速な学習と繰り返しを阻害しているのです。

プロダクト開発に予算を割り当てるときには、ベンチャーキャピタリスト（VC）のように考えるのが賢明です。スタートアップは投資家に対して、ビジョンと、そのビジョンがマーケットで生き残って利益を出せることを証明できるようなデータを説明します。彼らはVCのところに行って、こう言います。「今ここにいて、次の目標はこれです。その目標の達成にお金が必要です」　企業が利益を出せるようになるまでは、企業が次のレベルに進むのにVCからの投資が役に立ちます。ですが、何らかの理由で次のレベルに到達できない場合、VCは資金提供を止めて、投資対効果を得られる別の会社に資金を投資することになります。

プロダクト主導企業では、ポートフォリオと現在の仕事のステージに応じて予算を割り当てます。つまり、**既知の既知**になっていて準備ができていれば、プロダクトラインに関係なく適切な予算を割り当てるのです。それに加えて、ビジネスモデルを推進できる新たなチャンスの発見のために、お金を確保しておきます。そして、検証ができたら、そのチャンスを大きくするためにさらに予算を割り当てるのです。

たとえば、あるチームが新たな収益源を生み出すために新しいプロダクトラインを作ろうとしている場合、まずは立ち上げと新しい領域に取り組むべきかどうかを探索するための資金として50,000ドル要求します。そのあとで、マーケットが存在していて成功が見込めるというデータを示せたら、チームはさらなる探索やプロダクト開発の開始のために250,000ドル要求できるのです。探索して理解し、何がうまくいくのかを把握し、次の半年で小規模のものを作ってユーザーに届けます。ユーザーがプロダクトを採用してくれれば、プロダクトラインを成長させるための取り組みを拡大するために何百万ドルというはるかに大きな金額を要求します。

これはマーケットリーにとって最大の変化でした。マーケットリーは年に1度だけの古い予算編成のやり方から脱却しなければいけませんでした。そして、その代わりに、プロダクトポートフォリオ全体に予算を割り当てたのです。次に、プロダクトイニシアティブレビューを活用して、アウトカムに対する確実性の度合いにもとづいて、何にお金を使うかを決定しました。

すべての投資が小さなものから始まるわけではありません。チャンスの大きさやデータの量に応じて、最初からもっと多くの資金を投入したいと思うかもしれません。ですが、すべての予算はプロダクトを次のステージに進めることと関連していなければいけません。これこそが、チームを集中させて、出費を抑える効果的な方法なのです。

24章
顧客中心主義

適切なコミュニケーション、報酬、インセンティブ、予算編成、方針、安全性はどれも組織にとって重要ですが、本当の意味でプロダクト主導になるにはもう1つ必要なことがあります。学習を促し、それに報いる文化に加えて、顧客に焦点を当てる文化が必要なのです。アマゾン、Netflix、ザッポス、ダラーシェーブクラブ、ディズニーといった今日のトップ企業の多くは、顧客に焦点を当てることで現在の位置に上り詰めました。この態度は、幹部の顧客についての話し方、顧客の扱い方に表れます。

アマゾンがどうやって成功したのかをジェフ・ベゾスが語ったなかでいちばん有名なのは、「いちばん重要なのは顧客に執着することです。私たちの目標は地球上で最もお客様を大切にする企業であることです」というものです。アマゾンの行動はすべてこの考え方によって決まります。そして、それが報われています。2012年に2500万人だったプライム会員は、2018年には1億人以上になりました。これは、ユーザーが簡単に買い物できるようにしたり、欲しいものを簡単にアマゾンで見つけられるようにしたり、無料で2日以内に配送したり、多くのエンターテイメントに無料でアクセスできるようにしたりすることで達成しました。

顧客の立場になって、「どうすれば顧客が喜んでくれて、ビジネスを前に進めることができるか」と自問するのが顧客中心の肝です。本書の冒頭で、プロダクトマネジメントとは価値交換だと説明しました。顧客中心でいることで、どんなプロダクトやサービスが顧客にとっての価値になるのか理解できるようになります。

顧客中心主義の重要性を理解しているもう1つの会社が、アイオワ州の農業技術会社ジョン・ディアーです。この会社のプロダクトマネージャーの1人、ケビン・ザイドルにインタビューしたところ、ジョン・ディアーは積極的に顧客の行動を見に行くようにチームに勧めていると説明してくれました。「開発者を雇っても、その人たちが農業の専門家でないことはわかっていました。みんな都市部の出身で、育てているトウモロコシの種類の違いもわかりません。そこで、農家の人たちが実際に働いているのを見に行くように勧めたのです」

ジョン・ディアーはオフィスから数マイル離れたところにあるちゃんとした農場に人を送り込みます。そこは実際に稼働している農場で、購入する前の農具を試すこともできます。開発者とプロダクトマネージャーはみんなでそこに行って、農業のことをたくさん学習します。ジョン・ディアーのなかには趣味で農業をしている人もいます。多くの開発チームは金曜日に作物の収穫を手伝っています。

ですが、ジョン・ディアーにおいてこのような仕事の仕方を大切にしている本当の証は、大変なときほど明らかになります。ザイドルの説明によると、会社にとって厳しい経済状況でも、いつでも顧客のところに行くのが許されているそうです。

これが顧客中心主義でいることの意味です。素晴らしいプロダクトを作るためにできるいちばん重要なことは、顧客を深く理解することなのです。それこそがプロダクト主導の核心です。

アウトプットよりもアウトカムに注目し、適切な役割に適切な人材を配置し、良い戦略展開プロセスがあり、適切な構造や方針を持っていたとしても、それでもまだビルドトラップから抜け出せないことがあります。なぜなら、ビルドトラップから抜け出すというのは単に何かの動きに従うことではなく、組織全体を変えることだからです。

25章
マーケットリー：プロダクト主導企業

マーケットリーがビルドトラップから抜け出すにはさらに数年かかりました。多くの人たちは、長らくアウトプット重視の考え方で働いていました。そのため、最初のうちはこの新しい働き方を信じられなかったのです。ですが、その後数年ですべての結果が出てきて、数字に反論するのは難しくなりました。マーケットリーは戦略的意図を達成できて、企業向けでも個人向けでも収益を増やしました。その結果、大手の教育会社にかなりの高額で買収されました。

マーケットリーは目標を達成するまで、戦略の優先順位を定期的に見直し続けました。年間の予算編成と戦略策定における人為的な時間境界はなくなりました。代わりに投資志向のアプローチを採用して、プロダクトチームが実験と調査によって検証したイニシアティブに予算を割り当てつつ、毎年成長戦略のための予算を組みました。マーケットリーはアイデアの多くを早い段階で捨てるようになりました。それによって、目標を達成する上で本当に重要なことに集中できるようになりました。

マーケットリーが成功できたのは、変革は自分から始めなければいけないと理解しているリーダーがいたからです。クリスは、自分がアウトカム志向のマインドセットや顧客中心主義を持たず、不確実性も受け入れなかったら、組織の誰もできないのをわかっていました。「自分が変わりたいと思っていないのに、どうやって組織のほかの人たちが変わることを期待できるんだろう？」　彼は早くから私にそう言っていました。

彼にとって最初は難しいこともありましたが、プロダクト主導によって達成できることを信じていたので辛抱できました。企業の変革における最大の間違いの1つは、変化を起こすのはリーダー自身ではなく自分以外のみんなの仕事だとリーダーが考えてしまうことです。私はクリスに、移譲してしまったがゆえに失敗した大規模な変革について説明しました。彼はそれに耳を傾けたのです。

彼は、CPOのジェンのような優秀なプロダクトリーダーに囲まれていて、アウトカムを達成する上でチームを信頼しました。若手のプロダクト担当者を育成するために、チームはシニアの人たちを雇いました。クリスタと彼女のチームは初期の成功事例になりました。それを組織全体で共有し、新入社員には詳しく説明しました。そうすることで既成概念にとらわれずに考えられるようになったのです。

クリスタはマーケットリーでどんどん昇進しました。マーケットリーが買収された際には、ついにプロダクト担当VPに昇進し、大手教育会社で新規ビジネスを開拓することになりました。彼女の実験を好むマインドセットを大企業に持ち込むのは簡単ではありませんが、立場が上になりプロダクトの作り方を変える機会と権限を得ました。

マーケットリーのチームは、顧客中心主義のプロダクトマネジメント部門を作り、適切な戦略でサポートし、学習を加速させる安全性と方針のもとで実験のプロセスを作ることで、ビルドトラップから抜け出しました。アウトプットではなくアウトカムに注目することで、実際にアウトカムを達成できたのです。

ビルドトラップから抜け出すことは可能ですが、それには時間と労力がかかります。1年以内に簡単に達成できるようなものではありません。仕事のやり方だけでなく、組織としての考え方も変える必要があります。CxOのリーダーからチームのプロダクトマネージャーまで、組織全員の参加が必要です。本書は第一歩です。本当に機能するプロダクト組織を作るのが最初の飛躍になるでしょう。

おわりに：ビルドトラップから抜け出してプロダクト主導になる

最近ある人から「プロダクトマネージャーのキャリアのなかで学んだいちばん重要なことは何ですか？」と聞かれました

ちょっと答えに困りました。私が学んだことは1つだけではありません。キャリアのさまざまなステージのなかで多くのことを学ぶ必要がありました。

プロダクトマネージャーになった当初は、謙虚さを学ばなければいけませんでした。自分の役割は大きなアイデアを生み出すことではなく、悪いアイデアを終わらせることだと学びました。素晴らしいプロダクトを作るには、謙虚でいること、チームのサポートと賛同を得る必要があることを学ばなければいけませんでした。チームと一緒に実験することでデータの力を知りました。どんな意見よりもデータのほうが優れています。

シニアになるにつれて、優れた戦略フレームワークが会社の成功を左右することを学びました。成功をアウトカムで判断しなければ、決してアウトカムを達成することはできません。私は、良くない戦略フレームワークの重みで崩壊する企業をいくつも見てきました。

コンサルタントになって、組織のなかの人たちの力について学びました。良いプロダクトの邪魔をするのも人です。会社にとって最高のアイデアだったとしても、上位のステークホルダーの個人的な意図と合わなければ、つぶされる可能性があります。そのリスクを軽減するには、何が人を動機付けているのかを理解し、どうすれば納得できる情報やデータを示して個人的な動機に対処できるかを知らなければいけません。

コンサルティングは、優秀な従業員のやる気を阻害するいちばん手っ取り早い方法の1つが、成功できない環境に彼らを置くことだとも教えてくれました。そうなると、ほとんどの人は会社を去ってしまいます。優れたプロダクトマネージャーでさえも、毎日起きて戦場に行くのにうんざりしてしまうのです。最高のプロダクトを作るためではなく、自分の成功のために方針を変えようとするのにかなりの時間を費やしています。

実際のところ、世の中のほとんどの組織はプロダクト主導ではありません。ですが、プロダクト主導になるのは成功のための戦略です。アマゾン、Netflix、グーグルなどの成功した企業を見ると、顧客の要望をそのまま受け入れて何かを作っているわけではないことがわかります。どんな機能でもできる限り速く作るために盲目的にアジャイルプロセスに従っているわけでもありません。その代わりに、顧客に価値を届けるという意図を持ってプロダクトを開発しているのです。

アジャイルであること、顧客中心であること。これらはすでに企業文化に組み込まれています。前述の企業は、プロダクトを作る基本的な基準はユーザーの問題を解決するものであることを理解しています。単にチェックボックスにチェックを入れるためだけに何かを作っているわけではないのです。ビジネスを前に進めるために作っているのです。

10年前、プロダクトマネジメントの世界に足を踏み入れたとき、周りを見渡しても仲間はほとんどいませんでした。しかし今では、聡明で有能なプロダクトマネージャーがたくさんいて、自分たちが働くべき組織を探しています。そういった人たちは、プロダクト主導の組織に加わって、顧客が好む素晴らしいプロダクトを作りたいと思っています。多くの組織がビルドトラップから抜け出して、プロダクトマネージャーの成功を後押しし、私たち全員が楽しめるプロダクトを作れるようになることを私は願っています。

自分の会社がプロダクト主導なのか、もしくはどれだけプロダクト主導とかけ離れているかを知りたい人のために、最後に6つの質問を用意しました。企業がビルドトラップから抜け出せるかどうかを評価するときに、いつも私が使うものです。また、その会社が自分が働くべき適切な会社なのかを見極めるために、インタビューのときに会社に聞くようプロダクトマネージャーに言っている質問でもあります。

プロダクト主導になるために、どうやって積み重ねていくか是非自分で考えてみてください。

付録A 企業がプロダクト主導かどうかを判断する6つの質問

最後に作った機能やプロダクトのアイデアを思いついたのは誰ですか？

私がプロダクトマネージャーにこの質問をするのは、困った表情を見たいからです。「思いついたというのはどういう意味でしょう？　もちろん私たちのチームですが。そうですよね？　いつもそうやっています」　こういう反応は健全なプロダクトマネジメント組織の表れで、マネジメントが目標を設定し、チームはそれを達成する方法を自分たちで見つけられるようになっていることを示します。プロダクトマネージャーは率先してユーザーの問題を発見して解決しなければいけません。これは、重要なイニシアティブやソリューションのアイデアがマネジメントによるものであってはいけないというわけではありませんが、それはあくまで例外です。ただし、絶対にそうしてはいけないというルールはありません。

チームが自分たちの作っているもののオーナーシップを持てず、なぜそれを作っているのかわからないような状況は危険です。もともとのアイデアを思いついた人が、「なぜ」と「なに」を結び付けていないためです。

最後に廃止を決めたプロダクトは何ですか？

不健全なプロダクトマネジメントの文化を示すもう1つのサインは、目標の達成の役に立たないプロダクトやアイデアを企業が捨てないことです。「私たちは本当に何も廃止しません」という発言を聞くようであれば、かなり大きな問題が存在することを意味します。

通常、これは以下のいずれかの理由で起こります。

- **組織はすでにそのアイデアを顧客に約束してしまっている。**マーケティング担当者が顧客に特定の機能が開発中であることを約束してしまうと、企業は絶対にそのとおりにしなければいけないように感じてしまいます。顧客が実際に要求したかどうかや、組織が求める目標を達成できるかどうかは、重要でないのです。
- **予算を変えられない。**一部の大規模な組織では、予算が年初に設定され、チームは予算全額を使わなければいけなくなっています。そうしないと、翌年同額の予算が貰えないからです。不可解ではありますが、そういう組織は数多く存在します。
- **マネジメントに押し返さない。**繰り返しになりますが、機能の候補をテストできないのは、チームに権限がないことを意味します。チームがマネジメントに「テストしましたけどうまくいきません。お金をかけて作る価値はないと思います」と言えるくらい安全だと感じられないなら、プロダクトマネジメントが成功する環境とはほど遠いでしょう。

顧客と最後に話をしたのはいつですか？

怖いのは、「ああ、マネジメントは、顧客と話すのを本当に許してくれません。私たちが顧客を煩わせてしまうのを心配しているんです」という答えです。

企業と顧客の健全な会話なくして、本当に顧客が欲しいもの、必要としているものを学習することはできません。成功を目指して作られている組織は、プロダクトマネージャーが顧客と話せるようにするだけでなく、それを推奨して、仕事の重要な一部だと認めます。実際、採用面接を受ける人は、安心して顧客と話せていること、全部の時間を使って室内でユーザーストーリーを書き続けているわけではないことがわかるような手がかりを見つけなければいけません。

目標は何ですか？

これは私がプロダクトマネージャーの人にインタビューするときに最初にする質問です[†1]。もしその人が明確な目標を示せないのであれば、組織レベルでのプロダクトマネジメントが不十分であることを示しています。目標はあっても、アウトカムではなくアウトプット重視なのであれば、それはプロダクトチームの不健全さを意味し

†1　“Interviewing for the Job is Product Management,” http://bit.ly/2JgKR9X.

ます。アウトプット重視のチームは、成功を締め切りに間に合ったかどうかで判断します。そういうチームは、そのプロダクトが実際にビジネスにとってどう役立っているのかにほとんど注意を払っていません。

プロダクトマネージャーの目的は顧客の価値を創造することで、ビジネス価値を生むことです。プロダクトマネージャーが会社のビジョンを理解していなければ、そのビジョンを実現する方法などわかるはずがありません。目標はアウトカム志向で、実行可能である必要があり、組織全体にはっきりと伝わっていなければいけません。

現在何に取り組んでいますか？

本当の意味で成功を収めているプロダクトマネージャーは、プロダクト開発チームがリリースするソリューションよりも、解決しようとしている問題を熱心に語るものです。私にとって、これは成功を示す最大の兆候の1つであり、目標についての問いと密接な関係があります。この質問をプロダクトマネージャーにしたときに聞きたいのは、ユーザーとビジネスのために取り組んでいる最大の問題は何なのかについてです。もちろんソリューションについても話すでしょうが、それは問題を解決するために何をするかという文脈での話です。この考え方が組織全体で奨励されていれば、さまざまな階層の人たちから同じ答えが聞けるはずです。

プロダクトマネージャーはどんな人ですか？

プロダクトマネージャーとして、私たちはその役割が尊重され評価される組織で働きたいと思っています。私は、プロダクトマネジメントが十分に尊重されていない組織をたくさん見てきました。それには2つ理由があります。1つはプロダクトマネージャーが強すぎると思われていること、もう1つは逆に弱すぎると思われていることです。

前者では、プロダクトマネージャーはチームを意思決定プロセスに参加させず、チームに要求を投げつける独裁者だと思われていました。チームは怒りを募らせ、同僚ではなくリソースとして扱われているように感じてしまいます。優れたプロダクトマネージャーであれば、チーム全体の賛同を得ることが重要であることを知っています。開発者やUXの人たちが「プロダクトマネージャーが好きです。明確な方向性を持っていて、コミュニケーションも上手で、目標や問題に集中して取り組むのを助けてくれます」と言うようであれば、健全なプロダクトチームです。

後者では、プロダクトマネージャーがステークホルダー[†2]やマネジメントから叩かれていて、そのために弱く見えます。プロダクトマネージャーがプロジェクトマネージャーだと見なされていると、意思決定権がありません。ステークホルダーやマネジメントは、自分の考えを押し通すためだけにプロダクトマネージャーを利用しているのです。強く反発される可能性があるので、プロダクトマネージャーはノーを言えないと思っているのです。

プロダクト側の人たちにとって理想的な組織とは、プロダクトマネージャーを、企業の方向性や顧客に提供するサービスを形作るのを助けるリーダーだと見なしている組織です。そこでは、プロダクトマネージャーは組織という船を前進させるパートナーとして尊敬されています。この6つの質問は、あなたが所属している会社もしくは入ろうとしている会社が、成功のためにあなたがやろうとしていることすべてを支援し奨励してくれるかどうかを確認するのに役立つはずです。

†2　"Rallying Stakeholders is Product Management," http://bit.ly/2z9QlhQ.

索　引

か

き

く

け

こ

さ

し

す

せ

そ

た

ち

て

れ

ろ

わ

● 著者紹介

Melissa Perri（メリッサ・ペリ）

優れたプロダクトを作るカギは、優れたプロダクトリーダーを育てること。これがメリッサ・ペリの信念である。Produx Labs の CEO で、企業がプロダクト組織を効果的にスケールする支援をしている。また、Product Institute というオンラインスクールを設立し、次世代の最高プロダクト責任者を育成するプログラムを提供している。グローバルで人気のキーノートスピーカーでもある。コーネル大学でオペレーションズ・リサーチと情報工学を学んだ。

● 訳者紹介

吉羽 龍太郎（よしば りゅうたろう）

株式会社アトラクタ Founder 兼 CTO / アジャイルコーチ。アジャイル開発、DevOps、クラウドコンピューティングを中心としたコンサルティングやトレーニングに従事。野村総合研究所、Amazon Web Services などを経て現職。Scrum Alliance 認定チームコーチ（CTC）/ 認定スクラムプロフェッショナル（CSP）/ 認定スクラムマスター（CSM）/ 認定スクラムプロダクトオーナー（CSPO）。Microsoft MVP for Azure。青山学院大学非常勤講師。著書に『SCRUM BOOT CAMP THE BOOK』（翔泳社）、『業務システム クラウド移行の定石』（日経 BP 社）など、訳書に『みんなでアジャイル』、『レガシーコードからの脱却』、『カンバン仕事術』（オライリー・ジャパン）、『ジョイ・インク』（翔泳社）など多数。

Twitter：@ryuzee　ブログ：https://www.ryuzee.com/

プロダクトマネジメント
——ビルドトラップを避け顧客に価値を届ける

2020年 10月23日 初版第1刷発行
2022年 9月13日 初版第4刷発行

著　　　者　Melissa Perri（メリッサ・ペリ）
訳　　　者　吉羽 龍太郎（よしば りゅうたろう）
発　行　人　ティム・オライリー
制　　　作　株式会社トップスタジオ
印刷・製本　株式会社平河工業社
発　行　所　株式会社オライリー・ジャパン
〒160-0002　東京都新宿区四谷坂町12番22号
Tel　(03)3356-5227
Fax　(03)3356-5263
電子メール　japan@oreilly.co.jp
発　売　元　株式会社オーム社
〒101-8460　東京都千代田区神田錦町3-1
Tel　(03)3233-0641（代表）
Fax　(03)3233-3440

Printed in Japan（ISBN978-4-87311-925-0）
乱丁、落丁の際はお取り替えいたします。